Réussir
un jour à la fois

MODUS VIVENDI

Réussir
un jour à la fois

M. Alain

MODUS VIVENDI

© MCMXCV Les Publications Modus Vivendi inc.

LES PUBLICATIONS MODUS VIVENDI INC.
55, rue Jean-Talon Ouest, 2e étage
Montréal (Québec)
Canada H2R 2W8

Design de la couverture : Émilie Houle
Infographie : Modus Vivendi

Dépôt légal – Bibliothèque et Archives nationales du Québec, 2007
Dépôt légal – Bibliothèque et Archives Canada, 2007

ISBN 13 : 978-2-89523-456-2

Nous reconnaissons l'aide financière du gouvernement du Canada par l'entremise du Programme d'aide au développement de l'industrie de l'édition (PADIÉ) pour nos activités d'édition.

Gouvernement du Québec - Programme de crédit d'impôt pour l'édition de livres - Gestion SODEC

Préface

«Qui vit pour l'amour répand la bonté et la compassion partout autour de lui. Qui cesse de croire aux vertus du coeur ne devient qu'un véhicule stérile errant dans le désert.»
— Francis Hegmeyer

Le I Ching, le livre chinois des changements, parle de l'homme inférieur et de l'homme supérieur. À l'intérieur de chacun, réside la possibilité de choisir entre le haut chemin ou le bas chemin. L'individu peut choisir entre une vie fondée sur la satisfaction des pulsions et de son intérêt propre ou sur la réalisation de buts plus nobles.

Lorsque l'individu écoute l'appel de ses aspects inférieurs, il s'abandonne au monde des apparences, à la primauté du corps physique sur l'esprit, à la vie superficielle et finie. L'être inférieur ne connaît pas la vertu et il ne peut accéder à la vraie réussite. Il ne peut connaître le sens profond de l'amour et de la vie. L'homme inférieur n'est pas en mesure de déceler la dynamique inhérente à la vie et aux événements. L'être inférieur est voué à l'échec car il n'a pas accès au savoir profond, à la sagesse de l'esprit.

Lorsque l'individu écoute l'appel de ses aspects supérieurs, il accède à un niveau de savoir et de conscience plus élevé. Il puise aux sources du discernement, faculté propre au domaine subtil de l'esprit. Il peut connaître le monde au-delà des apparences, choisir selon des critères plus justes et s'orienter vers des buts plus nobles. L'homme supérieur triomphe toujours car il exploite les vertus du coeur, la bienveillance, la bonté et la compassion; il peut alors atteindre ses buts avec l'approbation de l'univers.

La vertu est l'outil de choix de l'homme supérieur. L'homme supérieur est vertueux car il comprend la force et la mesure de la vertu. Il sait qu'en étant vertueux, il est fidèle à sa nature profonde; il devient instrument de bonté et de grandeur. Il sait que le comportement vertueux, en lui permettant de choisir selon les règles réelles de l'esprit, le rapproche de la divinité en lui.

Introduction

*E*n préparant cet ouvrage, nous avons voulu explorer un sujet d'une extrême importance dans un monde qui s'interroge sur les valeurs, la pertinence de l'éthique et la nécessité des vertus. Nous n'avons pas été obligés de regarder très loin pour constater que l'individu qui n'adopte pas un code de comportement rigoureusement fondé sur les vertus et sur l'éthique pouvait difficilement vivre en harmonie avec lui-même, atteindre des niveaux d'évolution plus élevés et réussir au sens large du terme.

Il y a dans les attitudes et les comportements vertueux, une logique supérieure, un chemin qui mène directement vers la sérénité, la liberté et la réussite. Mais en cours de route, nous avons oublié ou perdu de vue la valeur inhérente aux vertus. Nous avons vu dans la bonté, la bienveillance, la compassion et la galanterie quelque chose de dépassé ou d'archaïque, qui ne correspondait plus à la vie moderne. Mais les vertus ne seront jamais dépassées, car elles indiquent la voie du salut, de la divinité et du succès. Les attitudes et les comportements vertueux sont autant de manifestations palpables de l'être véritable, autour duquel ils semblent créer une aura de lumière resplendissante.

Cet ouvrage est donc consacré à l'action vertueuse, car l'action vertueuse est en

elle-même, porteuse du succès. L'action vertueuse porte en elle la semence du succès car
elle trace un chemin du coeur vers le monde
matériel de la concrétisation, du monde subtil
de l'esprit au monde concret des manifestations. Ce petit livre, *Réussir, Un jour à la fois*,
se veut d'abord et avant tout une source d'inspiration pour tous ceux qui croient que l'action
noble est porteuse de succès car elle est une
manifestation de la nature élevée de l'être.
Réussir, Un jour à la fois ne pourra jamais
supplanter la conscience de l'individu ou
fournir une série de recettes à suivre mais
pourra servir d'inspiration à quiconque tente
de bâtir davantage qu'un petit confort individuel.

L'éditeur
Montréal, 1997

À L'AUBE D'UNE NOUVELLE ANNÉE

Voici l'aube d'une nouvelle année
Une nouvelle année qui se dresse devant moi
Comme un chêne beau et grand

Voici une nouvelle chance
De faire ce que j'ai toujours voulu
Devenir tout ce que j'ai pu rêver

Voici une nouvelle vie
Une vie remplie d'amour et de fierté

Voici moi, l'être qui a si longtemps voyagé
Pour trouver un port, pour déposer l'ancre

Voici la grande aventure qui s'amorce
Je suis au rendez-vous

ATTEINDRE SES OBJECTIFS

*J*e débute cette nouvelle journée avec l'intention de réaliser mes objectifs. Aujourd'hui, je fais la liste de mes objectifs les plus précieux et je me fixe des dates pour les réaliser. En dressant la liste de mes objectifs, je tiens compte non seulement de mes besoins financiers et matériaux mais aussi de mes objectifs émotionnels et spirituels. Je suis en mesure de bâtir une vie de grande qualité et je sais que je dois atteindre mes objectifs dans toutes les sphères de ma vie pour réussir vraiment.

Je suis heureux d'être vivant et de pouvoir faire le bilan de mes objectifs et de mes priorités; je sais qu'en faisant ainsi, j'influence tous mes lendemains. En fixant mes objectifs pour les années à venir, j'entame consciemment mon futur et je suis totalement responsable de mon devenir.

3 janvier

VOLER DE SES PROPRES AILES

J e prends plaisir à voler de mes propres ailes. J'ai toujours su que pour être réellement libre et heureux, je devais être indépendant et autonome. J'ai parfois craint de ne pouvoir suffire seul à mes besoins mais à présent, je sais que nulle autre personne sur terre ne peut m'appuyer et m'aimer autant que moi.

J'ai toujours su qu'en travaillant, je pouvais préserver mon indépendance et ma dignité. Je n'attends pas qu'on me dise quoi faire ni comment le faire. Je suis une personne compétente et productive. En travaillant, je m'actualise!

LES ALLÉGEANCES

«Les chevaliers, au temps du Moyen Âge, prêtaient serment de fidélité à leur roi, leur reine, leur confrérie... Une époque où la parole était tout; on engageait son honneur, sa vie, et rien ni personne ne pouvait nous faire renier notre allégeance, notre parole.»

— Anonyme

Nos allégeances sont la preuve tangible et vivante de notre engagement et de notre fidélité envers notre groupe et ses idéaux. On ne peut réussir seul. Vivre seul avec notre conquête matérielle se résume à être un mort vivant qui vogue dans l'anonymat. Pour réussir, je dois pouvoir partager mes réussites. Je dois m'abandonner à une vérité plus grande que moi. Évidemment, l'individu possède l'étincelle de la création et du mouvement, mais le groupe, la famille, la paroisse, le parti ou la communauté permettent l'accomplissement de grands projets collectifs qui peuvent influencer le devenir de plusieurs. Ainsi, mon succès comme individu, passe alors par mon appartenance et mon allégeance à un groupe.

Mes Allégeances

RESPECTER LA PAROLE DONNÉE

«Ce que nous faisons aujourd'hui, en ce moment, aura un effet cumulatif sur tous nos lendemains.»

— Alexandra Stoddard

*A*ujourd'hui, je saisis l'importance de respecter mes engagements, de respecter ma parole. La réussite personnelle ne peut être fondée sur la supercherie ou sur le mensonge. Elle doit être fondée sur l'honneur, la dignité et la confiance. Je sais que je dois avoir confiance en moi et que je dois pouvoir compter sur moi pour faire ce que j'ai dit que j'allais faire. C'est une question de respect de soi et de consistance.

Aujourd'hui, je respecte mes engagements et je ne reviens pas sur ma parole, une fois donnée. C'est une question d'honneur. Si je désire m'aimer et réussir, je dois pouvoir être consistant et fiable. Et surtout, je veux vivre sans remord, en sachant que j'ai fait ce que j'avais promis de faire.

À BAS LA PROCRASTINATION!

*A*ujourd'hui, je suis en action! J'ai trop souvent attendu avant de m'occuper de certains problèmes ou de certaines situations difficiles. Je dois cesser de tout remettre au lendemain. À bas la procrastination! Dorénavant, je prends mon courage à deux mains et j'agis. Je sais que je suis capable d'assumer les conséquences de mes choix et des mes actions

L'INDÉPENDANCE FINANCIÈRE

Je travaille pour mon indépendance. Je vois comment notre société encourage l'endettement et la dépendance à l'égard des institutions financières. Aujourd'hui, je m'emploie à rembourser mes dettes. J'emprunte seulement si je sais que je peux rembourser ma dette promptement et j'utilise mes ressources de façon intelligente afin de favoriser mon indépendance financière.

LA CORRUPTION

«La corruption peut rapporter beaucoup. Mais celui qui en fait usage doit savoir qu'un jour, il ne trouvera la sérénité nulle part sous le ciel.»

— François Garagnon

Évidemment, je travaille pour bien gagner ma vie mais je n'accepterai pas de compromettre mes principes d'intégrité personnelle pour un gain financier. Je suis suffisamment intelligent pour reconnaître que le crime et la corruption prennent des formes parfois banales et anodines. On ne voit pas nécessairement les conséquences de ces petits gestes malhonnêtes. Toutefois, même si l'on peut commettre ces petits crimes sans se faire prendre, on doit vivre avec nous-mêmes — et avec nos actes — pour le reste de notre vie. L'être humain peut très facilement perpétuer ces petits gestes en utilisant toutes sortes de justifications. Mais au fond de lui-même, il sait qu'il a bel et bien commis un crime ou une transgression.

9 janvier

LA CROISSANCE

*M*aintenant, je vise la croissance. Je cherche à obtenir de meilleurs résultats et à me perfectionner. Je sais que toute chose qui ne grandit pas est appelée à disparaître éventuellement, alors je cherche à augmenter ma production et à faire croître mes actifs. En agissant ainsi, je deviens plus fort et plus autonome.

L'ORGANISATION DU TRAVAIL

Le travail exige de l'organisation. La révolution industrielle du 19ième siècle a été fondée sur le développement d'une nouvelle forme d'organisation du travail. Le travail à la chaîne, par exemple, a révolutionné la production des biens durables et semi-durables. Aujourd'hui, avec le développement de l'informatique, le travail connaît une nouvelle mutation. À la base, nous trouvons une organisation plus efficace du travail. On assiste à une rationalisation accrue du mode de production qui vise l'augmentation de la production et la réduction des coûts de production.

Aujourd'hui, je vois que si je désire réussir, je dois apporter une forme d'organisation à mon travail. En étant systématique et cohérent, en employant les bons outils de travail, je serai en mesure d'être plus productif et d'atteindre de meilleurs résultats. Toute forme de travail requiert une forme d'organisation afin d'optimiser les résultats.

UN PETIT GRAIN DE DIVINITÉ

«Pardonner, c'est voir la personne qui vous a offensé d'une manière entièrement différente, à travers les yeux de la charité et de l'amour. C'est une tâche difficile mais qui peut transformer une vie, puisque le pardon amène un nouveau souffle dans une relation et modifie la chimie entre les deux intervenants — de l'amertume à la douceur.»

— Daphné Rose Kingma

J'ai appris à pardonner car dans le pardon, il y a un grain de divinité. Le pardon est signe de noblesse. C'est aussi un signe de grandeur, car il faut être capable de surmonter sa rancoeur, sa colère et même quelquefois son orgueil pour choisir la voie de la compassion. Ce n'est pas chose facile, mais une fois l'émotivité passée, il faut savoir se l'imposer, ne serait-ce que pour centrer notre attention et nos efforts sur autre chose. En effet, la colère est mauvaise conseillère et l'amertume nous emprisonne dans la morosité.

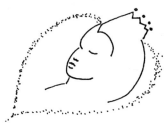

RÉUSSIR, UN JOUR À LA FOIS

J'ai décidé que la réussite était un projet de toute une vie qui se réalise un jour à la fois. J'ai décidé que je devais centrer mes efforts sur la réussite quotidiennement. Au cours de ma vie, j'ai vécu des moments plutôt difficiles. Je ne savais pas vraiment si j'allais pouvoir m'en sortir. Mais à présent, je sais ce que je dois faire pour vivre heureux. Je dois travailler chaque jour pour atteindre mes buts. Je dois garder mes yeux rivés sur mes objectifs et faire du mieux que je peux à tous les jours. En travaillant ainsi, de façon consciencieuse et soutenue, je sais que j'y arriverai.

LE COEUR GRACIEUX

«Les gestes gracieux sont à l'image de l'âme qui les conçoit et font paraître plus léger le corps qui les exécute.»

— H. Desbois

*L*a personne au coeur gracieux donne une touche de légèreté à tout ce qui l'entoure. La grâce est souvent associée au domaine artistique. On parle de la grâce d'une danse, d'une sculpture ou encore on décrit un tableau dont le sujet est représenté avec grâce. Pourtant, gracieux se dit aussi d'une personne aimable. À l'origine, le mot signifiait d'ailleurs "qui témoigne de la bienveillance". On dit aussi qu'une chose est donnée à titre gracieux lorsqu'elle est offerte gratuitement ou lorsqu'elle résulte d'un travail bénévole.

La grâce fait partie de la grande famille des vertus; elle constitue la pièce manquante du casse-tête, la pièce qui permet de compléter le tableau. Avoir un coeur gracieux ou agir avec grâce, signifie se comporter avec bienveillance et amabilité. C'est ouvrir son esprit et accueillir les différences des autres avec tolérance.

La tolérance me permet de travailler et de côtoyer toutes sortes de gens en leur démontrant de l'amitié et du respect.

LA LUMIÈRE DU DISCERNEMENT

*L*e discernement est cette capacité à juger clairement et sainement les choses. C'est l'arme de l'intelligence qui permet de distinguer le bien du mal, le vrai du faux. Quand je considère la somme d'informations étalées chaque jour dans les journaux et à la télévision, je me rends compte à quel point le discernement est essentiel. En effet, comment me faire une idée juste des événements et ne pas gober tout ce qu'on me raconte? Cela va même jusqu'à savoir en qui placer sa confiance, avec qui s'associer, de qui s'entourer. Bref, sans cette lumière du discernement, nous sommes des aveugles en plein jour. Et nous nous exposons alors à bien des déceptions.

Parfois j'entends des gens parler de leur sixième sens, de leur instinct. «J'ai eu une bonne impression, un bon "feeling"». Je crois sincèrement que nous devrions écouter plus souvent ces messages qui nous viennent de l'intérieur. Quelquefois, ce n'est qu'une vague sensation, un petit doute, et puis on se dit: «Bah! je me fais des idées». Mais si nous prenions le temps de creuser un peu plus, d'être plus attentif, de nous questionner davantage et de poser les bonnes questions, alors nous en viendrions probablement à des conclusions plus justes.

15 janvier

ÊTRE PONCTUEL

J'intègre la ponctualité dans ma vie comme une valeur de base. Je sais que la ponctualité est extrêmement importante pour les gens car ils ont eu de mauvaises surprises ou pis encore, ils ont été, dans certains cas, rejetés ou abandonnés. En étant ponctuel, je sécurise les gens qui m'entourent. En étant ponctuel, je leur dis: «*Tu es suffisamment important(e) pour que je respecte mon engagement envers toi.*» La ponctualité ne peut pas être remplacée par de belles explications. La ponctualité est vertueuse et si je ne peux être présent à l'heure prévue, je téléphone pour avertir la personne qui m'attend.

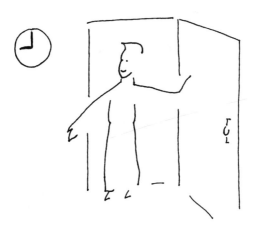

L'ACTION

*A*ujourd'hui, je suis en action et c'est dans l'action que je me réalise. Il ne s'agit pas simplement d'agir pour agir. Je cherche plutôt à créer un effet désiré et durable. Je sais qu'en action, je dois non seulement décider mais je dois aussi poursuivre pour établir mon élan et persévérer jusqu'à ce que j'atteigne mon objectif.

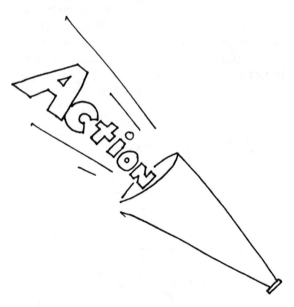

LA COMPÉTENCE

«Ce n'est pas en faisant les choses que l'on aime, mais en aimant celles que l'on doit faire, qu'on découvre les bénédictions de la vie.»
—Johann Von Goethe

Je définis la compétence comme étant la capacité d'effectuer une tâche de façon efficace, de mener à terme un projet et d'atteindre des résultats supérieurs. Je considère cette qualité davantage comme une vertu, car elle implique qu'on se donne entièrement à ce que l'on fait. Être compétent, c'est refuser le travail imparfait et la négligence. Peu importe ce que l'on est, ouvrier, ingénieur ou artisan, ce que l'on produit révèle notre image intérieure.

AUJOURD'HUI, JE M'ACCORDE LA PERMISSION DE RÉUSSIR

*A*ujourd'hui, je m'accorde la pleine permission de réussir. Je suis à l'écoute de moi-même et non à celle des messages négatifs qui m'incitent à ne pas aller de l'avant. Je reconnais que j'aurai à faire face à plusieurs obstacles sur le chemin de la réussite personnelle, mais je sais que je pourrai les surmonter.

Aujourd'hui, je m'accorde la permission de réussir. Je sais que je possède tous les talents et/ou l'intelligence nécessaires pour y arriver. Je choisis de faire la bonne chose et j'agis avec compétence et ténacité à tous les jours.

L'ATTITUDE DU GAGNANT

*A*ujourd'hui je développe l'attitude du gagnant. En ayant une attitude positive qui favorise la réussite, je peux entreprendre avec vigueur et ténacité tous mes projets. Le gagnant veut gagner. Le gagnant sait qu'à la longue, avec du travail et de l'entraînement, il sera gagnant. L'échec ne fait pas partie de son monde. Il peut perdre un match à l'occasion, bien sûr, mais cela lui permet d'apprendre et de devenir plus sage et plus habile encore. Le gagnant utilise toutes les leçons qu'il a apprises pour gagner.

Aujourd'hui, j'adopte l'attitude du gagnant. Je sais que je serai vainqueur et que mes efforts seront éventuellement récompensés. Je regarde droit devant moi et je fonce. J'utilise mon inspiration et tous mes talents pour réussir.

OÙ SONT PASSÉS LES CHEVALIERS?

«Si vous prêtez assistance à quelqu'un, quelqu'un vous prêtera assistance, peut-être demain, peut-être dans cent ans, mais quelqu'un vous viendra en aide. La Nature rembourse toujours ses dettes… Il s'agit d'une loi mathématique et la Vie est pures mathématiques.»

— Gurdjieff

Aujourd'hui, je vois que je ne pourrai pas réussir si je centre tous mes efforts et toute mon énergie sur ma gratification personnelle. Je dois inclure les autres dans cette grande aventure qu'est la réussite. En étant une personne responsable qui est disposée à prêter son appui aux autres, je me soulève au delà des préoccupations purement égoïstes. Je m'ouvre à la vie et aux autres et je fonde des relations d'amitié et d'entraide. La réussite implique un travail d'échange et de collaboration. Alors, je suis disposé à aider les autres et à les inclure dans ma vie.

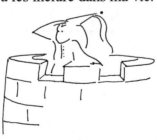

L'ÉCONOMIE

«Le pauvre cherche la richesse et le riche le ciel, mais le sage cherche l'état de tranquillité.»

— Swami Rama

L'économie, l'art de bien gérer ses ressources en évitant les dépenses frivoles ou inutiles, est sûrement une vertu. Il y a en effet beaucoup de sagesse dans l'utilisation judicieuse de ses moyens, car les forces qui nous incitent à dépenser et à consommer sont puissantes. Il est pourtant important de comprendre que réussir à conduire sagement ses affaires nous permet d'atteindre un plus grand niveau de liberté.

Lorsque je parle de la vertu de l'économie, je ne veux pas dire être grippe-sou ou avare. Je pense au contraire à toutes ces grandes fortunes qui se sont bâties à partir de peu. C'est probablement un art que de savoir dénicher l'affaire en or, mais c'est certainement une vertu que de résister au gaspillage des bénéfices.

AIMER LES BARRIÈRES

Règle générale, réussir exige un très haut niveau de détermination et de persistance. Il existe de nombreuses barrières à la réussite personnelle: le très haut niveau d'imposition, les règlements gouvernementaux, l'accès au financement de risque, les coûts liés à la formation des employés, la forte concurrence dans les marchés, les cycles économiques et l'appauvrissement progressif du consommateur, pour ne mentionner que ceux-là. Mais sans l'existence de barrières à l'accès et à la survie des entreprises, il n'y aurait pas de jeu. Quiconque désire se tailler une place au sein du monde des affaires devra non seulement accepter les barrières, mais aussi aimer les affronter.

Aujourd'hui, je vois que la réussite est fondée sur l'affirmation de soi. Je suis persuadé que je mérite de prendre ma place parmi ceux qui sont les architectes de cette société. Dès lors, j'accepte et j'affronte avec joie les barrières que je trouverai sur ma route.

23 janvier

UNE ATTITUDE POSITIVE FACE À LA VIE

Aujourd'hui, je comprends qu'une attitude positive face à la vie est essentielle à la réussite. Je démarre chacun de mes projets avec l'intention de réussir. J'aborde la vie de tous les jours avec le sentiment que je saurai profiter de chaque occasion et tirer le maximum de chaque expérience. Même lorsque j'essuie un échec, je cherche à voir les côtés positifs de l'affaire. Je peux transformer en victoires mes expériences les plus difficiles. Je crois que sans cette attitude positive, je me sentirais souvent démuni et seul car la vie peut parfois être rude et brutale.

Mon attitude positive est mon bouclier. Elle me protège contre les sentiments de déception et de morosité. En ayant une attitude positive face à la vie, je conserve toujours le sentiment que les choses vont s'arranger. Je me couche le soir avec la confiance que demain sera un jour meilleur. Mon attitude positive agit comme des ailes et me propulse vers l'avant. Je suis capable de m'encourager, de me consoler et de me donner l'inspiration nécessaire en nourrissant une attitude positive face à la vie.

L'INDULGENCE DU POUVOIR

«La qualité de l'indulgence ne se contrefait pas; elle tombe sur nos têtes comme la douce pluie du ciel; et elle est deux fois bénie; elle bénit celui qui l'accorde et celui qui la reçoit.»
— William Shakespeare

Quelle est l'étendue de ma responsabilité dans le monde d'aujourd'hui? Je peux admettre sans réserve que je suis responsable de moi-même. Je pourrais aussi admettre aisément que je suis responsable de mes enfants et de ma famille immédiate. Si je suis chef de section, contremaître ou superviseur, je sais que je suis responsable de mon secteur et de mes employés. Mais est-ce que cela va plus loin? J'ai l'impression que je ne peux pas être responsable de ce qui se passe à l'extérieur de mon contrôle direct. Ce que je réalise pourtant, c'est qu'au fur et à mesure que j'augmente mes responsabilités, j'atteins un plus grand niveau de conscience et de pouvoir. Et c'est alors que plus ma capacité à être indulgent doit être grande.

Honoré de Balzac disait ceci: Tout pouvoir humain est un composé de patience et de temps. Les gens puissants veulent et veillent.

ATTEINDRE LA MASSE CRITIQUE

*L*orsqu'une entreprise ou un projet atteint une masse critique, il devient très difficile d'arrêter le processus. Au début, quand les fondements de l'entreprise ou du projet ne sont pas encore bien établis, il est beaucoup plus facile d'en stopper le développement.

Alors, pour réussir dans toutes choses, il importe d'atteindre une masse critique, un certain poids, une certaine vitesse, de manière à ce que la survie et la croissance soient assurées. Une fois qu'on atteint la masse critique, notre vélocité et notre taille nous permettent d'assurer notre existence. Il importe donc de chercher à atteindre rapidement la masse critique dans tous les projets que l'on désire entreprendre.

VOIR SANS PENSER

*D*ans nos sociétés influencées par les courants de pensées scientifiques, nous avons eu tendance à rendre hommage à l'acte de penser. Mais il existe une forme d'appréhension du réel qui est aussi fort efficace: voir. Notre succès dépend de notre capacité à voir. En voyant les choses telles qu'elles sont et en voyant comment les choses vont évoluer, on peut cerner le mouvement et les tendances réelles des choses. Alors, je décide d'aiguiser ma vision et de ne pas trop dépendre de ma pensée.

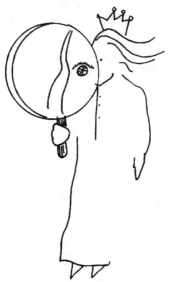

LES PETITES VICTOIRES

*A*ujourd'hui, je suis conscient que je dois parfois me satisfaire des petites victoires journalières: une rencontre favorable, un client satisfait, la livraison reçue à temps, la tâche complétée. Le succès est rempli de plusieurs petites victoires quotidiennes, d'une multitude de gestes et de réalisations. L'être qui désire réussir doit savoir se nourrir de ces petites victoires s'il espère traverser le désert pour gagner la terre promise. Aujourd'hui, je vois les petites victoires comme des petites perles trouvées sur la route menant à la réalisation la plus complète de mes rêves. Ces petites victoires me nourrissent et me désaltèrent.

Aujourd'hui, je vois que la plupart des projets importants prennent un certain temps à se réaliser. Une entreprise n'atteint pas souvent sa maturité avant plusieurs années. Alors aujourd'hui, je prends note des petites victoires. Toutes ces petites choses qui me disent que malgré tout, je progresse vers la réalisation de mes objectifs.

VIVRE ET GRANDIR DANS LA SIMPLICITÉ

*E*st-ce si compliqué de prendre la vie avec simplicité? Le soir, après le repas, pourquoi ne pas aller faire une petite promenade plutôt que de se laisser assommer par les mauvaises nouvelles qui défilent au journal télévisé. Le matin, avant de m'engouffrer dans mon auto pour affronter les bouchons de la circulation, je me plais à prendre une bonne bouffée d'air frais. Je m'attarde aussi quelques secondes à contempler ce qui m'entoure. Je regarde les arbres, les nuages; j'écoute le chant des oiseaux; bref, j'ouvre mes yeux et mon coeur aux choses simples de la nature. En l'espace de quelques secondes, je libère mon esprit des problèmes qui me tracassent.

Aujourd'hui, sur le chemin de la réussite, je prends le temps de respirer un peu. Je cherche à développer un plus grand calme intérieur en regardant autour de moi et en prenant plaisir à être en vie tout simplement. Je sais qu'il est difficile de vraiment profiter de la vie lorsqu'on se sent bousculé et pressé. Alors, je prends le temps de vivre et de grandir dans la simplicité.

CES GENS QUI MINENT NOTRE ASCENSION

Il y a des gens qui désirent sincèrement nous aider et contribuer à notre ascension. Certains sont plutôt préoccupés par leurs propres affaires et sont plutôt indifférents à nos victoires et à nos défaites. D'autres, à première vue, semblent disposés à nous aider mais viennent en fait démolir ou saboter tous nos accomplissements. Je peux vivre avec les deux premières catégories d'individus mais je ne vivrai pas avec la troisième. Au fil des ans, j'ai été en mesure d'identifier de plus en plus rapidement les saboteurs de ma réussite. Ils peuvent être charmants ou conservateurs, brillants ou stupides, flamboyants ou retirés. Néanmoins, un certain nombre de choses me permet de les identifier: ils ne respectent pas leur parole; ils ne complètent pas leurs projets; ils pervertissent les communications; ils engendrent des erreurs, sèment la confusion et sont toujours prêts à pointer le doigt vers quelqu'un d'autre.

Aujourd'hui, je regarde autour de moi et j'identifie les gens qui minent mon progrès. Je repère les indices qui me montrent les personnes qui contribuent à créer le chaos, la confusion et le conflit dans mon entourage. Je réagis rapidement pour me défaire des saboteurs.

ÊTRE UN MEMBRE ACTIF DE MA COMMUNAUTÉ

*J*e regarde autour de moi et je constate que le monde dans lequel je vis a besoin de moi. Je vois la misère, les conflits et le désespoir qui s'emparent de nos villes et de nos communautés. Aujourd'hui, je décide d'être un membre actif de ma communauté et de faire une contribution au bien-être de mon entourage. Je vois qu'il y a une multitude de choses que je peux faire pour améliorer la qualité de vie dans mon quartier: encourager le recyclage des déchets, participer à des rencontres de l'association des gens d'affaires, faire des contributions à des programmes d'aide aux familles et organiser des rencontres avec mes voisins pour améliorer la sécurité des enfants du quartier, etc.

Aujourd'hui, je vois que ma réussite dépend aussi de la qualité de vie dans ma communauté. Je suis un membre à part entière de cette communauté et je désire contribuer à son bon fonctionnement. Mes idées et mes qualités de leader ou d'organisateur peuvent être mises à contribution pour résoudre des problèmes qui accablent les gens de ma communauté.

LE SUCCÈS ET LA SPIRITUALITÉ

Ceux qui ont cru que le succès se résumait à l'accumulation de biens matériels, à l'appartenance aux meilleurs clubs et à la possibilité d'envoyer ses enfants au collège privé se trompent fondamentalement sur la nature de la réussite. Cela ne signifie pas que la jouissance matérielle soit un péché mais il ne s'agit-là que d'un aspect de la réussite. La vie spirituelle d'un individu joue un rôle primordial dans la qualité de sa vie et de ses expériences. Elle ne doit pas être négligée. Et chacun est libre de trouver l'expression particulière de sa spiritualité. Pour certains, la spiritualité implique l'appartenance et la participation à une religion. Pour d'autres, la vie spirituelle se manifeste dans les actions de bienveillance envers autrui et dans le respect d'un code moral fondé sur la justice et la compassion. Pour d'autres encore, la spiritualité se manifeste dans le développement d'un niveau de conscience plus élevé par le biais de la prière et de la méditation.

Ce qui est important dans tout cela, c'est que l'humain reconnaisse qu'il est d'abord et avant tout un être spirituel et qu'il existe tout un monde au delà des apparences physiques.

UNE NOUVELLE JOURNÉE

Aujourd'hui, je dis bonjour à cette nouvelle journée, à cette journée remplie d'espoir et de possibilités. J'ouvre les yeux sur l'aube d'une nouvelle vie, d'un nouveau commencement. Aujourd'hui, je me donne toute l'inspiration ou toute la confiance nécessaire à ma réussite. Je veux grandir et prendre ma place dans ce monde. Je veux être fier de ma contribution à mon couple, à ma famille, à ma communauté et à ma société. Je veux agir de façon responsable et créative et bâtir un monde meilleur. Je sais que je peux faire une différence. Je sais que je peux apporter de la joie et de l'amour à mon travail. Aujourd'hui, je dis bonjour à la vie. Aujourd'hui, je me dis bonjour à moi-même, à l'être merveilleux que je suis.

Faire une chose à la fois

J e me suis rendu compte qu'il valait mieux faire une chose à la fois que de m'engager dans plusieurs activités simultanément. Oui, j'ai plusieurs intérêts et la diversité est l'épice de la vie. Mais je dois m'assurer que je complète chacun des projets que j'entreprends et pour ce faire, je dois me donner complète-ment - et - à une chose à la fois. Lorsque je tente de faire plusieurs choses en même temps, j'ai tendance à m'éparpiller et à perdre le fil des choses.

Aujourd'hui, j'abandonne l'idée que je dois tout faire en même temps. Je fixe mon attention sur une chose à la fois et je la mène jusqu'à terme. Au début de la journée, je dresse la liste des choses importantes que je dois faire aujourd'hui selon l'ordre des priori-tés. Puis, j'accomplis une chose à la fois, jusqu'au bout, et je passe ensuite à l'activité suivante.

LE SECRET DE LA RÉUSSITE

*L*orsque je me suis rendu compte que j'étais totalement responsable de ma situation dans la vie, j'ai cessé de croire aux solutions magiques ou aux recettes miracles pour réussir. La réussite est un plat qui contient toujours un certain nombre d'ingrédients de base:

— un désir profond et inébranlable d'atteindre un objectif que nous avons déjà clairement identifié;

— un travail systématique et continu afin d'atteindre cet objectif en balayant tous les facteurs et barrières qui peuvent nuire à l'atteinte de cet objectif;

— la capacité de reconnaître et de célébrer la réalisation d'un objectif.

Évidemment, il existe des facteurs prédéterminés qui peuvent nous aider ou nous nuire dans la réalisation de nos objectifs. Mais ces facteurs sont tout à fait accessoires lorsque l'objectif a été clairement cerné et que nous avons entamé la démarche afin de l'atteindre.

Bâtir des réserves

*N*os parents et nos grands-parents avaient bien cerné l'importance de faire des économies. Ils ont connu des temps très difficiles où l'on avait du mal à trouver de quoi se nourrir et se vêtir. Ces générations ont été profondément marquées par la misère et la pauvreté de la Grande Dépression. Aujourd'hui, la société nous incite à consommer maintenant et à payer demain. Et dans ce processus d'accumulation de biens matériels et d'endettement personnel, nous oublions parfois l'importance de faire des économies et de bâtir des réserves.

Aujourd'hui, je me rends compte de l'importance de bâtir des réserves financières. L'action même de mettre de côté un certain montant à chaque semaine ou à chaque mois démontre que je suis prêt à toute éventualité. Je serai autonome quoi qu'il advienne.

MON SAVOIR PROFOND

*A*vec le temps, j'ai appris que je dois donner toute l'importance et toute la valeur à mon savoir profond. Je me suis rendu compte que la plus grande vérité, c'est ce que j'apprends à connaître par les êtres et le monde qui m'entourent, par la voie de mes expériences, de mes sens et de mon savoir. Il n'y a aucune vérité plus vitale ou plus manifeste que le savoir qui émane de mon for intérieur. Je sais que je dois toujours être à l'écoute de moi-même, de mes sentiments et de mes perceptions. De cette façon, je me serai toujours fidèle, à moi et à mes principes.

Alors, lorsque j'entreprends un projet, je décide de me fier à mon savoir profond. Je donne toute l'importance à mes sentiments et à mes perceptions. Je les laisse me guider dans mes trajets tout en sachant que mes perceptions m'orienteront vers les bonnes décisions et la réalisation ultime de mes objectifs.

6 février

*I*l existe une donnée fondamentale dans le monde du travail actuel que les employés ne cernent pas toujours pleinement: une ressource est valable en autant qu'elle ne peut être remplacée. Cette réalité s'applique autant aux ressources matérielles qu'aux ressources en personnel. Si l'entreprise ou l'organisation peut remplacer la ressource en faisant des économies ou en améliorant ses services, elle le fera. Les idéologies, la sentimentalité, le culte de la personnalité, les syndicats, les règlements gouvernementaux peuvent seulement retarder la mise en application de cette règle fondamentale.

Aujourd'hui, je sais que je dois me rendre indispensable. Je dois, en travaillant intelligemment et de façon honnête, offrir la meilleure qualité de service à mon employeur, à mes clients et à mes collègues de travail.

7 février

LE POUVOIR DE MES RÊVES

*A*ujourd'hui, je me permets de rêver et je cherche à réaliser mes rêves. Lorsque j'étais beaucoup plus jeune, j'avais toutes sortes de projets et toutes sortes de buts. J'imaginais ma vie et mon avenir et je me nourrissais de mes rêves. Je pouvais, il me semble, me voir grandir et atteindre mes buts. Cette faculté de rêver me permettait de construire et de choisir; et surtout, elle me permettait de m'élever au delà des ennuis et de la banalité de la vie quotidienne. Mais progressivement, mes rêves se sont estompés et j'ai cessé d'exercer ma capacité de rêver. Je reconnais maintenant que j'ai cessé de vivre et de connaître des expériences créatives à partir du moment où j'ai cessé de rêver.

Aujourd'hui, je nourris mes rêves car je sais que dans mes rêves il y a la semence de mes succès futurs. Aujourd'hui, je laisse aller mon imagination et je vois mon avenir idéalisé se dérouler devant mes yeux. Cette capacité de créer ces rêves me donne espoir et m'inspire dans ma vie quotidienne. Aujourd'hui, je rêve et je cherche à réaliser mes rêves.

AVOIR CONFIANCE EN SOI

«Certains hommes atteignent la réussite parce qu'ils ont l'intime conviction qu'il ne peut en être autrement. Le succès les emplit tout entier. Il n'y a pas le moindre interstice par lequel l'échec puisse s'infiltrer. Cette certitude orgueilleuse ressemble à l'autosuggestion. En tout cas, tout se passe comme si l'échec ne pouvait avoir prise sur eux, comme s'ils étaient immunisés contre tout germe négatif.»
— François Garagnon

Réussir, atteindre ses objectifs et réaliser ses rêves exigent une forme de certitude. La certitude qu'on pourra trouver les moyens et la force intérieure pour réaliser ses fins. En dernier lieu, dans cette bataille qu'est la vie, on doit pouvoir compter sur soi. On doit pouvoir maintenir son élan de départ et s'encourager afin de frayer son chemin vers le but choisi. Personne ne peut nous donner de la confiance en soi bien que l'on peut recevoir de l'encouragement de nos amis et de nos proches. Une attitude mentale qui exclue la possibilité d'échec ou d'abandon est certainement un atout. On doit croire profondément en soi-même et savoir qu'on atteindra notre objectif malgré tout. Alors, la seule possibilité, c'est de croire en soi et de savoir qu'on atteindra son objectif.

COMMENT UTILISER NOS ÉCHECS

*«La plupart de nos limites ne nous sont impo-
sées que par nous-mêmes. Lorsque nous
sommes convaincus de parvenir à quelque
chose, en général nous y parvenons. Mais une
telle conviction ne tient pas d'un voeu pieux.
Prendre ses désirs pour la réalité est un acte
passif; la conviction affirmée exige que l'on se
fraye un chemin parmi les embûches ou qu'on
sache les contourner afin de toucher au but.»*
— Sue Patton Theole

*O*n doit pouvoir se mesurer contre la
réalité objective. On doit pouvoir
constater les conséquences de nos
actions et apprendre d'elles. L'échec est la
réponse objective de mon environnement à
mon action. Lorsque j'échoue, je dois pouvoir
déceler exactement quelles actions, quels
comportements ou quels facteurs ont contribué à mon échec. L'échec est rempli de leçons
utiles. Il est dit qu'on apprend plus de nos
échecs que de nos succès.

Aujourd'hui, je vois que j'aurai toujours quelque chose de nouveau à apprendre.
J'utiliserai mes échecs pour apprendre et pour
me renforcer. Je peux accueillir l'échec au lieu
de tenter de le fuir en évitant de prendre des
risques.

LE TRAVAIL EST NOBLE

«La sécurité, en général, est une superstition. Elle n'existe pas dans la nature et dans l'ensemble, les êtres humains ne la connaissent pas. Éviter le danger n'est pas plus sain à la longue que de s'y exposer carrément. La vie est soit une aventure audacieuse, soit rien du tout.»

— Helen Keller

Le travail est source de liberté et d'auto-détermination pour l'individu et pour la société. En travaillant, je me rends utile et je me taille une place dans la société. En travaillant assidûment, je deviens indispensable. En étant productif, je me réalise. Pour être réellement libre et heureux, l'individu doit être autonome et indépendant. En travaillant, je peux voler de mes propres ailes. En étant productif et compétent, je gagne le respect et l'admiration des autres. C'est en travaillant honnêtement que je peux atteindre tous mes objectifs.

JE SUIS MA PROPRE ENTREPRISE

J'ai appris à me percevoir comme si j'étais une entreprise. Une entreprise possède une mission, des objectifs, des ressources et une force de travail. Je sais que je dois investir dans mon propre développement professionnel. Je dois définir ma mission et mes objectifs. Je dois faire l'acquisition et l'entretien de mes ressources productives. Je dois chercher à augmenter l'efficacité de ma force de travail. Je suis, en quelque sorte, le directeur général de ma propre entreprise et je dois me comporter en bon gestionnaire et non comme un avide entrepreneur.

Mon travail est ma ressource la plus chère. Cette ressource me permettra d'alimenter mon développement et de bâtir mon avenir. Je n'attends pas qu'on m'offre quelque chose. Je fais mes plans et je les mets en action.

LES VRAIS BARRIÈRES

*P*endant longtemps j'ai cru que la vie était une lutte perpétuelle et qu'il existait dans mon environnement des barrières à mon succès et à mon bonheur. La vie était ainsi faite et je devais utiliser toute mon intelligence et toutes mes ressources pour vaincre cette adversité. Mais graduellement, je me suis rendu compte que les barrières à mon succès étaient en moi et non dans mon environnement.

Les barrières qui existent dans mon environnement peuvent être surmontées. Il y a toujours un moyen. Il y a toujours une solution à un problème ou à une impasse. Mais lorsque je crois que je suis incapable de réaliser un projet ou lorsque j'ai peur d'en entreprendre un nouveau, la barrière devient alors insurmontable.

Aujourd'hui, je vois que les obstacles à ma réussite sont à l'intérieur de moi. Je dois tout d'abord enrayer le doute, l'inquiétude et l'appréhension qui m'habitent. En pourchassant ces démons, je sais que je serai en mesure d'atteindre mes objectifs.

ÉVITER LA PANIQUE

*S*ur notre chemin vers la réussite, nous allons rencontrer plusieurs type de situations. Parfois, une situation d'urgence ou de danger peut survenir. On doit toujours pouvoir conserver son sang froid et ne pas réagir avec une panique ou une colère extrême face à ces situations. La plupart des problèmes peuvent être réglés avec une bonne communication et des petits ajustements. Mais lorsqu'on réagit trop intensément à un problème, on risque de ne pas pouvoir y trouver une solution. En outre, notre réaction aura un effet néfaste sur nos collaborateurs.

Aujourd'hui, lorsque je suis face à un problème ou à une situation difficile, je conserve mon calme. Je communique avec les gens impliqués et je travaille avec eux afin de trouver une solution qui permettra au projet d'aller de l'avant. Je n'ai pas peur de faire des ajustements et de développer des solutions aux problèmes qui surgissent parfois sur mon chemin vers la réussite.

LES RAPPORTS DIFFICILES

*J*e me suis rendu compte que je ne pourrais pas évoluer et réussir sans l'appui des autres. Un ingrédient essentiel de l'entraide et de la collaboration est le respect qu'on porte envers autrui. Les êtres sont en général très sensibles et réagissent plutôt mal à la colère, à la force ou au châtiment. Lorsqu'on se rend compte qu'on doit se fâcher pour obtenir des résultats, il y a un problème. On se retrouve à ce moment dans un rapport de force et non dans un rapport d'entraide et de collaboration.

Il existe parfois des gens autour de nous qui ne veulent pas collaborer avec nous. Ils cherchent plutôt inconsciemment à freiner notre progrès. On doit rapidement s'en rendre compte et mettre fin à ces rapports non productifs et aliénants.

Aujourd'hui, je me rends compte que mes rapports doivent être fondés sur l'entraide et la collaboration. Lorsqu'un rapport s'envenime de conflits, de frustration et de colère, je dois réagir rapidement pour transformer ou éliminer cette relation.

MES HABILETÉS

«Si tu fais germer ce qui est en toi, ce qui est en toi assurera ton salut. Si tu ne fais pas germer ce qui est en toi, ce qui ne germera pas te détruira.»

— Jésus-Christ

Chaque personne a des habiletés qui lui sont propres, des qualités et des aptitudes qui lui sont spécifiques, qui lui permettent de se réaliser. Lorsqu'on est à la recherche d'un emploi ou si l'on désire entreprendre une nouvelle carrière ou démarrer une entreprise, on doit se demander: Comment pourrais-je utiliser mes habiletés spécifiques dans l'accomplissement d'un travail qui me fait plaisir? Il existe un rapport entre mes aptitudes, mes talents et mes forces et le genre de travail qui me convient. Trop souvent, les gens choisissent un travail ou une carrière en fonction de critères qui ne sont pas vraiment très importants: le prestige, ce que ma famille attend de moi, le salaire, la proximité.

J'ai des qualités qui me sont propres. Je dois accepter le défi de développer mes capacités et mes talents indépendamment de toutes autres idées préconçues, de tout autres facteurs. Je dois être fidèle à ma nature et à mes habiletés.

16 février

AGIR MALGRÉ LA PEUR

«Agir malgré la peur fournit une preuve de courage. Étonnamment, nous agissons de la sorte quasiment chaque jour. Si nous ne confrontions pas nos peurs, qui d'entre nous aurait un jour changé d'emploi ou de ville? Qui plus est, qui parmi nous s'attaquerait au besoin incessant de mieux se connaître si nous n'étions pas déjà pourvus de courage?»

— Sue Patton Thoele

Je sais que je dois pouvoir affronter mes peurs à chaque jour. C'est en les affrontant que je deviens plus grand qu'elles. Il est tout à fait normal de se sentir angoissé et incertain devant l'inconnu ou face à une situation difficile. Je dois par contre prendre mon courage à deux mains et faire face à la situation. En affrontant mes peurs, je peux grandir et je peux poursuivre mon cheminement. La voie vers l'harmonie intérieure est parsemée d'embûches. Mais je sais qu'aucun obstacle, aucune peur ne pourra m'arrêter.

LA MAÎTRISE DU TEMPS

«Allez lentement, respirez et souriez.»
— Thich Nhat Hanh

Je peux avoir une influence déterminante sur le temps. Je me suis rendu compte que j'avais laissé le temps devenir maître de ma vie. C'est le temps qui déterminait mes allées et venues. C'est le temps qui déterminait ma qualité de vie. J'avais laissé un système de mesure prendre le contrôle de mon expérience de vie. Je voyais le temps agir sur moi, sur mon corps, sur mes relations et sur mes expériences et j'avais l'impression de ne rien pouvoir y changer. Je devais, en quelque sorte, subir l'effet du temps; je devais lutter contre ses effets négatifs.

J'ai cessé de laisser le temps m'envahir et me pousser dans une fuite vers l'avant. Je refuse de me laisser emporter par ces vagues incessantes qui, en s'abattant sur moi, détournent mon attention du moment présent. Je me suis rendu compte que je suis maître du temps. Je peux modifier mon expérience du temps. Je peux être libre des influences néfastes du temps.

JE SUIS UN NAGEUR AVERTI

«Lorsqu'on est pris dans une lame de fonds qui nous pousse vers la mer, inutile de combattre et de nager vers le bord. Il s'agit de lâcher prise et de ne pas lutter contre le courant. En lâchant prise, on se laisse calmement emporter par le courant et on peut donc naviguer et regagner plus facilement la plage.»

— Un nageur averti

J'ai réalisé que l'application de la force directe était rarement utile. Les choses et les êtres cherchent à être en équilibre. Ce qui est en mouvement cherche à rester en mouvement. Ce qui est stationnaire cherche à rester stationnaire. Lorsque je m'oppose avec force ou violence à quelque chose, je ne me rends pas toujours compte du caractère propre à cette chose. Il vaut mieux observer et s'ajuster à la situation que de chercher à s'imposer avec force.

Évidemment, je ne veux pas me laisser ballotter pas les événements comme une coquille de noix sur l'eau. Mais en reconnaissant la nature et le fondement d'une situation, je peux développer une approche qui lui est propice. Je dois aussi reconnaître le pouvoir de mes décisions qui, elles, ont une influence déterminante.

MES HABILETÉS NATURELLES

J'ai des habiletés naturelles, des choses que je fais bien, presque naturellement. Lorsque j'entreprends une activité qui n'a pas de mystère pour moi, je me sens comme un poisson dans l'eau. Je fais l'expérience de la facilité et je suis en harmonie avec moi et avec mon environnement. J'ai un sentiment de compétence lorsque j'entreprends ce genre d'activité. Quand j'exprime mes habiletés naturelles, je me sens bien et en contrôle.

Aujourd'hui je ferai l'inventaire de mes talents et de mes habiletés naturelles. Ensuite, je vérifierai comment j'intègre ces habiletés dans mes activités quotidiennes. Si je n'exploite pas un de mes talents, j'identifierai une façon de l'intégrer et de m'en servir plus souvent.

NOS INQUIÉTUDES

«Nous devons planifier en fonction de l'avenir sans toutefois nous en inquiéter. La planification rassure, l'inquiétude trouble inutilement. La planification renforce, l'inquiétude fait des victimes.»

— Sue Patton Thoele

L'inquiétude est un sentiment de peur diffus et généralisé qui n'a aucun objet précis. L'inquiétude émane de la peur de l'inconnu et d'une préoccupation de ce qui pourrait se produire demain. Tout ce que je sais avec certitude, c'est que je suis ici maintenant. J'ai dû affronter des situations difficiles et je m'en suis sorti. J'aurai à faire face à d'autres défis dans l'avenir et je sais que je possède toutes les capacités et toutes les ressources pour y faire face. Lorsque je me surprends à m'inquiéter, je me dis que ça ne sert à rien. Mieux vaut composer avec ce qu'il y a là plutôt que d'essayer de prévoir les désastres futurs.

21 février

CHAQUE INSTANT EST NOUVEAU

«Tant qu'il y a de la vie, il y a de l'espoir.»
— John Lennon

Aujourd'hui, je sais que chaque instant apporte avec lui de nouvelles possibilités, une nouvelle fenêtre à travers laquelle je peux regarder. Je me renouvelle à chaque instant. Je peux me réinventer à chaque jour. Je peux voir une situation d'un nouvel oeil. Je peux profiter de chaque instant et voir que ma vie est en mutation constante.

Aujourd'hui, je vois que la réussite est fondée sur ma capacité d'adaptation et de changement. Je ne reste pas accroché à tel ou tel incident. J'analyse la situation et j'en tire profit. Ensuite, je passe à autre chose. Je me renouvelle à chaque jour et je vois dans chaque instant une nouvelle possibilité, dans chaque respiration un nouvel espoir.

RÉUSSIR

*O*n peut réussir sur plusieurs plans. On peut réussir sur le plan matériel et financier. On peut réussir sur le plan affectif en fondant une belle famille harmonieuse et heureuse. On peut réussir sur le plan professionnel en poursuivant une carrière intéressante. On peut réussir sur le plan spirituel en accédant à des niveaux de conscience supérieurs et en atteignant la sagesse et la sérénité. Le succès est satisfaisant. Le succès nous emplit de confiance en nos capacités et en notre détermination. Le succès est noble en autant qu'il n'est pas atteint au détriment d'autrui.

Réussir signifie pouvoir actualiser les résultats que j'envisage. C'est la concrétisation de mes buts et de mes rêves. C'est accepter le défi de mettre les choses en mouvement et d'orienter ce mouvement dans la direction que je désire. Aujourd'hui, je centre mon attention sur la réussite. Je regarde ma vie et je constate les succès que j'ai obtenus. Je prends note de la manière dont je les ai obtenus et je reproduis cette formule dans tous les aspects de ma vie.

CONTRIBUER AU SUCCÈS DES AUTRES

*C*omment peut-on réussir sans contribuer au succès des autres? Réponse: impossible. Aujourd'hui, je vois que mon succès est étroitement lié au succès des autres. Je me suis entouré de gens que j'aime et qui désirent contribuer à mon succès. Je suis aussi responsable de leur bonheur ou de leur succès et j'accepte cette responsabilité avec joie.

Aujourd'hui, je sais que je dois contribuer au succès et au bonheur des autres si je veux réussir. L'univers est ainsi fait. Je ne peux espérer m'en sortir si les gens autour de moi vivent dans la misère ou l'incertitude. Alors, je contribue au succès des gens qui m'entourent et je les aide à atteindre leurs objectifs.

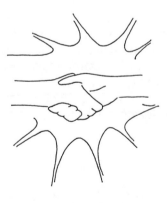

JE SUIS RESPONSABLE DE MON PROPRE DESTIN

*J*e me rends compte que j'ai exactement la vie que j'ai bien voulu créer. Ma vie ne résulte pas d'une série de coïncidences ou d'accidents fortuits mais d'une série de choix que j'ai moi-même fait. Ce n'est pas la faute de mes parents, de mon épouse ou de mes enfants. La qualité et l'allure de ma vie ne résultent pas de mon éducation ou de mon bagage génétique. Ma vie a été construite par moi, choix par choix, action par action. Je suis un être conscient, responsable et vivant. Je suis l'ultime responsable de mon destin.

Aujourd'hui, j'accepte pleinement toute la responsabilité et toute la joie qui viennent lorsqu'on accepte de bâtir son propre destin. Je suis maître de mes choix, de mes actions et de ma vie.

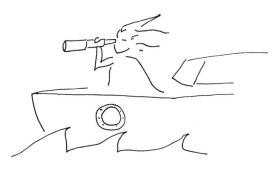

ON ARRÊTE JAMAIS D'APPRENDRE

L a beauté de la vie réside dans le fait que nous n'arrêtons jamais d'apprendre. La vie nous réserve toujours de nouvelles leçons. Lorsqu'on est disposé à apprendre de nouvelles choses, la vie est remplie et se transforme en une aventure. On peut alors voir les choses sous une nouvelle lumière, améliorer nos capacités et nos habiletés, obtenir de meilleurs résultats dans notre travail et dans nos relations.

L'adaptation, l'apprentissage et la réussite sont intimement liés. Lorsque je peux apprendre et adopter de nouvelles approches, je peux réussir. Lorsque je demeure fermé, la vie se ferme à moi et j'éprouve de plus en plus de difficultés.

Aujourd'hui, je suis disposé à apprendre. Je sais que ma réussite dépend de ma capacité à apprendre et à m'adapter. Lorsque je m'ouvre aux nouvelles leçons de la vie, je suis vivant et ouvert.

JE SUIS MON PROPRE GOUROU

*A*vez-vous constaté qu'il y a des experts, des consultants, des gourous à chaque coin de rue? Notre société moderne produit une vaste quantité d'experts prêts à nous montrer comment vivre, comment gérer nos vie et nos entreprises, comment régler nos problèmes. En nous inspirant de leurs conseils, nous allons pouvoir vivre heureux et prospère!

Moi, j'ai décidé d'être mon propre gourou. Je m'inspire des mes propres expériences, de mon propre savoir et de ma capacité à observer et à apprendre. Je suis ouvert aux points de vue d'autrui et je peux parfois m'en inspirer. Mais je sais que c'est moi qui doit vivre ma vie et assumer les conséquences de mes actions. Je suis l'ultime responsable de mon destin et je devrai vivre avec moi-même dans la réussite ou dans l'échec. Alors, j'économise mon temps et mon argent: je consulte le moins possible les gourous.

Aujourd'hui, je suivrai mes propres conseils. Aujourd'hui, je fonderai ma vie et mon action sur mon propre savoir. Aujourd'hui, j'abandonnerai cette notion que je dois dépendre de conseils extérieurs pour réussir. Je demeure ouvert aux nouvelles idées mais c'est moi qui décide.

TROUVER SA PROPRE FORMULE

*A*vec le temps, j'ai réussi à trouver ma propre formule. Cette formule est très simple et je peux la partager avec vous.

1) J'oeuvre dans un domaine qui me passionne et me permet d'exercer mes talents;
2) Je tente de donner le plus haut niveau de service et la plus grande qualité de produits à mes clients tout en cherchant constamment à améliorer mes services et mes produits en les adaptant à leurs exigences spécifiques;
3) Je maintiens un rythme de travail et un niveau de qualité constants et je cherche à augmenter la cadence de ma production par le biais de la délégation;
4) Je m'entoure de gens, de clients et de fournisseurs qui ont les même engagements envers la qualité et avec qui j'aime travailler;
5) Je règle tous mes comptes à temps et j'exige la même chose de mes clients.

Chacun doit pouvoir trouver sa propre formule. Aujourd'hui, je me rends compte que ma formule doit permettre à tous ceux qui sont touchés par mon activité d'être gagnant et de profiter de celle-ci.

L'ENDETTEMENT

Nous avons accès aujourd'hui à diverses sources de crédit et le crédit peut nous offrir de nombreux avantages. Les avantages de l'endettement disparaissent rapidement lorsque nos revenus baissent. L'endettement est sûrement un mode de contrôle social des plus efficaces, malgré qu'il ne soit pas néfaste en soi. Lorsqu'il est bien géré, le crédit peut nous offrir une plus grande flexibilité et la possibilité d'entreprendre de plus grands projets.

L'argent emprunté pour faire des études, pour bâtir une entreprise ou pour réaliser des projets financiers qui rapporteront à leur tour des revenus additionnels n'a pas le même impact sur notre vie et sur notre devenir que l'argent emprunté pour des fins de consommation. L'emprunt d'argent pour maintenir un style de vie et pour créer l'apparence de la richesse est toujours payé trop cher.

Aujourd'hui je gère mon crédit de façon raisonnable. J'accepte cette idée que je pourrai consommer davantage lorsque mes revenus augmenteront. J'utilise mon crédit pour bâtir mon entreprise ou pour compléter mes études. Je rembourse toujours mes dettes et j'emprunte seulement si je sais que je pourrai rembourser la somme.

J'AI CONNU LE DÉSERT

Oui, j'ai connu le froid glacial du Grand Nord
Mais je me souviens surtout de l'immensité
du territoire

Oui, j'ai traversé le désert
Mais, je me souviens surtout des couchers
du soleil

Oui, j'ai entendu le tonnerre des bombes
durant la guerre
Mais je me souviens surtout des amitiés
que j'ai nouées

Oui, j'ai connu l'échec personnel
Mais, je me souviens surtout du moment
où je me suis relevé

LES HAUTS ET LES BAS

*L*orsqu'on démarre une nouvelle entreprise, il faut s'attendre à ce qu'il y ait des hauts et des bas. Après l'énergie du départ, il y a cette longue période d'établissement où l'on doit faire connaître son produit, établir des structures de travail, fonder une équipe de collaborateurs et de fournisseurs. Tout cela prend du temps et exige beaucoup d'énergie. De plus, on rencontre au début d'une telle aventure toutes sortes de situations nouvelles qui servent à tester notre jugement et notre ténacité.

Mais une fois le travail d'implantation complété, on peut voir une plus grande stabilité s'installer et recevoir les récompenses d'un travail bien fait. Aujourd'hui, je sais donc que les débuts sont plus difficiles. Je suis particulièrement vigilant au départ et j'emploie mon discernement à choisir des collaborateurs fiables qui partagent mes valeurs.

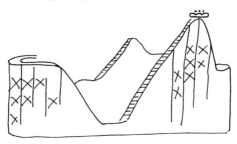

ÉCRIRE DES LETTRES DE REMERCIEMENT

*A*ujourd'hui, je prends le temps d'écrire des lettres de remerciement à ces gens qui contribuent à mon succès. J'écris ces lettres à la main pour rendre ma communication encore plus personnelle. Dorénavant, je prendrai le temps d'écrire des lettres de remerciement pour souligner mon appréciation. En écrivant ces lettres, je renforce les relations qui me sont chères et j'encourage mes collaborateurs.

LA QUESTION DE L'ÉTHIQUE EST CRUCIALE

*A*ujourd'hui, je regarde très attentivement les gens et les organisations avec lesquels j'établis des liens d'affaires. J'ai parfois été piégé dans des situations malheureuses, avec des gens qui n'avaient pas d'éthique morale ou professionnelle. Notre société est remplie de gens qui croient être plus rusés que les autres. Ils sont persuadés qu'ils peuvent ne pas payer leurs comptes à temps, trafiquer les chiffres et livrer des produits et des services de moindre qualité. Même si ces individus et les entreprises qu'ils gèrent sont en voie de disparition, il peuvent contribuer à la déchéance des autres qui se trouvent sur leur passage.

Je suis donc vigilant et j'observe les signaux: le mensonge enjôleur, les retards de paiement fréquents, s'échelonnant sur des périodes de plus en plus longues, le travail fait à la "va vite" et les justificatifs incessants quant aux raisons pour lesquelles le travail n'a pu être livré à temps. Aujourd'hui, je m'entoure de gens qui partagent mes valeurs d'intégrité et d'honnêteté dans le monde des affaires et dans la vie de tous les jours.

À LA RECHERCHE DE COMPÉTENCE

*O*n entend souvent les gens d'affaires dire qu'ils ont de la difficulté à trouver du personnel compétent. Malgré cette affirmation, les bureaux de chômage sont bondés de gens qui espèrent trouver un emploi et qui se disent prêts à tout pour en dénicher un qui soit convenable. Entre ces deux perceptions de la situation actuelle, il y a un écart incroyable. La détérioration de la qualité de la main d'oeuvre a poussé les entreprises modernes a conserver un petit corpus de gens compétents et travailleurs et à déléguer diverses tâches en sous-traitance.

Dans notre société, la compétence est de plus en plus recherchée; alors si je veux vendre mon travail, mon service ou mon produit, je dois être très efficace et fournir la meilleure qualité dans un temps acceptable.

6 mars

ATTENDRE CALMEMENT

«La patience est le courage de la vertu.»
— Bernardin de Saint-Pierre

*E*n cette ère de vitesse, il peut paraître anachronique de parler de patience. Et pourtant, il y aura toujours certaines choses qui demandent du temps pour s'épanouir pleinement. L'atteinte de nos objectifs prendra un certain temps. Entre la mise en oeuvre d'un projet et sa réalisation, il y aura toujours des étapes à franchir. Je dois être patient et chercher à ne pas brûler des étapes importantes. Parfois, si nous sommes trop empressés d'atteindre notre but, nous pouvons commettre des erreurs coûteuses et mettre en péril notre projet.

Aujourd'hui, je comprends l'importance de la patience sur mon chemin vers le réussite. Je n'ai pas à simplement attendre patiemment. Je dois être en action tous les jours. Je dois cependant donner le temps et l'effort nécessaire pour que mes objectifs puissent se réaliser.

AFFRONTER L'ADVERSITÉ

*A*ujourd'hui, j'admets que le chemin de la réussite est parsemé d'embûches. J'ai constaté que dès le moment où je décide de mettre en branle un projet ou d'accomplir quelque chose de nouveau, quelque chose de plus grand, je dois affronter un certain montant d'adversité. Évidemment, l'univers ne répond pas immédiatement à toutes mes requêtes et à tous mes désirs. Je dois pouvoir surmonter les moments difficiles, les erreurs, les problèmes et les contre-temps. Il y a des jours où tout semble mal aller.

Aujourd'hui, je suis disposé à faire face à toute l'adversité que je rencontrerai sur mon chemin. Je suis conscient que la réussite authentique requiert une carapace et la capacité d'affronter et de surmonter tous les obstacles.

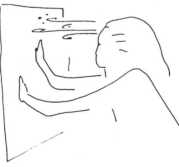

8 mars

Je dis au revoir à l'indifférence

*A*ujourd'hui, je dis au revoir à l'indifférence. Je me libère de l'influence néfaste de l'indifférence que j'observe dans l'environnement. Aujourd'hui, je m'efforce de côtoyer les gens qui aiment ma façon de penser et de fonctionner. Je m'entoure de gens intéressés et intéressants qui ont le goût de connaître de nouvelles choses et de vivre de nouvelles expériences. Je rejette aussi ma propre indifférence et je m'active.

Je sais que l'indifférence mène éventuellement à l'abandon et à l'apathie; alors, lorsque je vois se manifester l'indifférence, je vais dans une autre direction. Je suis vivant et je suis ici, maintenant. Il y a encore une multitude de choses que je peux faire. J'ai de nouvelles idées à chaque jour et je me donne l'énergie nécessaire pour réaliser tous mes projets et tous mes objectifs.

JE SUIS PERSÉVÉRANT

J'ai décidé que j'étais un être persévérant car j'ai constaté que les résultats désirés mettent parfois beaucoup de temps à se matérialiser. Je sais que je peux maintenir le cap et poursuivre mon élan jusqu'à ce que la cible soit atteinte. Aujourd'hui, je suis persévérant car je veux réussir et bâtir une vie remplie de joie et de création.

MON CHEMIN

*J*e sais que je suis un être individuel, donc que mon chemin est mon chemin, que mes pensées sont mes pensées et que mes actions sont mes actions. En reconnaissant et en respectant mon individualité, je donne de la force et de la certitude à mes décisions et à mes actions. Mon individualité me confère également une grande responsabilité: *je suis responsable de mon propre bonheur et de ma croissance.*

Je me réjouis pleinement de mon individualité et j'accepte le défi et la responsabilité de parcourir mon propre trajet. Je sais qu'en m'accordant à moi-même la première place et en faisant le choix de suivre mon propre chemin et mon savoir profond, je vais toujours bien vivre et ne manquerai de rien. L'univers est ainsi fait. L'être spirituel commande le monde matériel. Ce sont mes décisions qui tracent mon destin. Ce sont mes intentions et mes décisions qui déterminent ma destinée.

Plus je développe cette capacité à m'écouter, plus je suis fidèle à moi-même et plus je suis en harmonie avec ma sagesse innée. Aujourd'hui, je suis à l'écoute de ma propre sagesse.

SE TAILLER UNE PLACE DANS LE MONDE

J'aperçois maintenant le monde autour de moi. Tout un monde de vie et de mouvement existe; je regarde tout autour et je l'entrevois avec un certain détachement. Je prends une certaine distance pour être en meilleure position de voir, de capter et de comprendre la vie et les êtres de cette planète. Je serai donc en mesure de me tailler une place de choix dans ce monde fascinant.

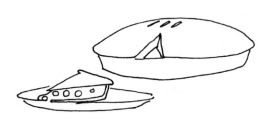

CHOISIR

*J*e prends le temps de choisir en fonction de mes propres besoins et des besoins réels des situations. À cause de mon passé, je me suis parfois laissé bousculer par les demandes et les besoins d'autrui. J'ai fait des choix hâtifs qui ont ensuite affecté ma vie. Maintenant, je sais que je peux dire "oui", "non", "peut-être" ou "je ne suis pas en mesure de décider maintenant". Je me donne le luxe de choisir à mon rythme. Aujourd'hui, je m'écoute et je choisis en fonction de mon plus grand bien.

À présent, je sais que c'est moi qui choisis. Lorsque je me rends compte que la majorité des choses qui se produisent dans ma vie sont le résultat de mes choix ou de mes décisions, je me sens plus en contrôle et plus puissant. Je peux voir comment mes décisions ont un impact sur mon vécu et comment mes attitudes et mes principes colorent mon expérience des choses, des événements et des personnes. Lorsque je me responsabilise, sans me culpabiliser, je retrouve ma grandeur et toutes mes possibilités.

APPRENDRE À PENSER PAR SOI-MÊME

J'ai appris à penser par moi-même. L'éducation doit mener l'individu vers l'utilisation de sa propre intelligence, de son propre jugement et de sa propre détermination. L'éducation doit aussi mener à l'application des connaissances et à la réalisation la plus complète de l'individu. Trop souvent, l'éducation est perçue comme l'accumulation de savoirs et l'assimilation de concepts abstraits fondés sur des principes désuets. Je me suis rendu compte que mon actif principal dans cette vie était de savoir penser par moi-même et de chercher à comprendre les choses et les êtres. Je respecte ma capacité à apprendre, à penser librement et à savoir.

JE PROFITE DE MA LIBERTÉ

*J*e suis un être libre. Je suis libre d'explorer, de prendre des risques, d'être spontané et de faire ce qui est nécessaire. Je sais qu'un être est libre dans la mesure où il est responsable et conscient. Donc, ma liberté sera liée à mon niveau de conscience et à ma capacité d'assumer les résultats et les conséquences de mes choix et des choses que je crée. La liberté de choix et d'action implique donc la plus grande fidélité à soi-même et à ses principes.

Ma liberté se manifeste dans mon imagination, dans ma capacité de choisir et dans ma liberté d'expression et d'action.

FAIRE SES PREUVES

*L*a réussite est fondée sur la capacité de provoquer des choses mais aussi sur la capacité de livrer ce qu'on a promis. Au départ, lorsqu'on amorce un nouveau projet ou une nouvelle entreprise, les gens nous surveillent sans trop s'engager. Ils tentent de cerner si nous sommes sérieux et capables de fournir de bons résultats. À la longue et à force de toujours fournir un bon produit, une relation de confiance s'installe. C'est à ce moment que nous pouvons vraiment commencer à prendre de l'ampleur et atteindre nos objectifs.

Aujourd'hui, je sais que je dois faire mes preuves. Lorsque je débute une nouvelle affaire, je travaille assidûment pour démontrer qu'on peut compter sur moi. Je désire fonder des relations d'affaires solides et durables donc je n'ai pas peur de donner le maximum pour satisfaire mon client

JE PEUX ME DONNER TOUTES LES BELLES CHOSES DE LA VIE

*J*e vois comment j'ai placé des limites sur ce que je pouvais ou ne pouvais avoir. J'ai longtemps vécu avec un profond sentiment de manque. Cette attitude de ne pas pouvoir avoir telle ou telle chose, telle ou telle relation, n'a servi qu'à miner ma capacité d'avoir et de conserver.

Aujourd'hui, je me donne la permission d'avoir. Je laisse venir à moi les choses et les relations. Comment pourrais-je envisager réussir si je ne veux rien me donner ou si je ne peux rien avoir. Alors, je me donne la permission d'avoir.

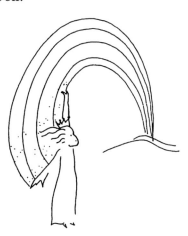

APPRENDRE DE SES ERREURS

Je me suis pardonné pour les erreurs du passé. Ce qui est passé est passé. Je vis dans le présent et pour le futur. Je sais que si je traîne avec moi tout le bagage du passé, je suis moins libre d'agir et de réussir. Alors, je dis adieu aux erreurs du passé.

Je sais que je suis ici pour apprendre, pour grandir et pour faire l'expérience de la vie. Je suis ici aussi pour réussir. Alors, j'accepte que les erreurs fassent partie de ma vie et de ma progression vers mes buts. Lorsque je fais une erreur, je l'utilise pour apprendre et pour réajuster mon tir. Rien ne s'est accompli par la critique et la culpabilité. Maintenant, j'accepte que l'erreur fasse partie de mon cheminement.

CES PREMIÈRES RENCONTRES

*N*ous savons que la première rencontre est souvent déterminante dans le développement d'une relation. Lorsqu'on rencontre un employeur ou un client potentiel, la première impression communiquée par notre apparence, notre attitude et notre approche peut faire la différence entre le succès et l'échec d'un projet.

Aujourd'hui, je comprends l'importance des premières rencontres et je me prépare en conséquence. Lorsque je prévois rencontrer un nouveau client, je soigne mon apparence et je prépare tous les documents requis. De plus, je tente de m'informer au préalable sur les besoins de ce nouveau client et j'arrive avec un plan d'attaque. Surtout, j'arrive avec un fervent désir de faire de bonnes affaires et je suis authentique dans ma présentation.

LA FIDÉLITÉ ENVERS SOI-MÊME

«La fidélité est la seule monnaie d'échange qui garde sa valeur dans le temps.»
— François Garagnon

L a fidélité est une valeur très noble. Être fidèle dans le cadre d'une relation affective ou professionnelle démontre notre maturité et notre valeur fondamentale comme ami ou associé. C'est en étant fidèle et en se montrant digne de confiance que l'on peut bâtir des relations solides qui résistent à l'épreuve du temps.

Mais avant d'être fidèle à autrui, on doit tout d'abord être fidèle à soi-même, à ses valeurs, à ses principes et à sa propre expérience des choses. Être fidèle envers soi-même, c'est reconnaître son propre droit de choisir. C'est reconnaître et apprendre de ses erreurs et se récompenser pour ses bons coups. Être fidèle à soi même, c'est s'écouter et écouter son coeur même lorsque l'environnement nous pousse à suivre le groupe. C'est avoir le courage de ses convictions et la force de ses choix, de son individualité. Aujourd'hui, je suis fidèle à moi-même.

LA PENSÉE POSITIVE

*J*e n'ai pas toujours eu confiance en cette idée que la pensée pouvait influencer mon vécu. Je croyais que la pensée positive était une façon de camoufler ou de recouvrir la vérité. Si les choses allaient mal, c'était parce que les choses allaient mal et que tout cela était hors de mon contrôle. Mais j'ai découvert que mes intentions, mes décisions et ma façon de voir les choses influençaient définitivement mon expérience de la vie. Il y a un a priori, qui vient avant l'action et l'expérience, et ce sont mes perceptions et mes attitudes.

Aujourd'hui, je me donne une attitude positive. Je me donne les perceptions et les attitudes d'un gagnant. Je me dis que malgré toutes les difficultés, toutes les embûches, je peux réussir. Je possède tous les outils, tous les talents et tout le courage pour réussir. Je peux transformer une défaite en victoire.

LES JEUX

*M*a vie était devenue une lutte perpétuelle pour la survie. Je sentais que les gens étaient généralement contre moi et tentaient intentionnellement ou inconsciemment de nuire à mon évolution. Il n'y avait pas vraiment de joie réelle mais seulement quelques moments de répit, ici et là, au cours de cette vie difficile qu'était la mienne. J'avais l'impression d'être piégé.

Un beau jour, je me suis rendu compte que ces pièges et ce sentiment d'être piégé étaient créés par moi et vivaient en moi et non pas à l'extérieur de moi. J'avais, dans ma vie, créé des jeux et j'étais pris dans les pièges des jeux que j'avais moi-même créés. À partir de ce moment-là, j'ai complètement réhabilité ma capacité de voir la vie comme un jeu et de jouer le jeu.

Aujourd'hui, je vois la vie comme un grand jeu qui offre plusieurs jeux différents et je choisis les jeux auxquels je veux jouer. Lorsque je me sens maussade ou entêté, je sais que j'ai cessé de jouer et que je suis tombé dans un piège que j'ai moi-même tendu.

CACHÉ DERRIÈRE L'ÉCHEC

Derrière chaque non se cache un oui. Derrière chaque échec se cache une victoire. Nous pouvons apprendre beaucoup plus de nos échecs que de nos succès car, dissimulé derrière l'échec, il y tout ce que nous n'avons pas compris, tout ce que n'avons pas voulu accepter ou confronter, tout ce que nous ne voulions pas voir ou entendre. Lorsque j'accueille l'échec et que je suis disposé à entendre les secrets qu'il cherche à me livrer, je suis ouvert à la croissance et à l'apprentissage. Aujourd'hui, je sais que l'échec est éventuellement une plus grande victoire. L'échec me rappelle à l'ordre et me pousse plus loin. Devant l'échec, je deviens curieux et non défait.

L'AMBITION

*O*n entend parfois l'idée qu'une personne peut être trop ambitieuse et que l'ambition porte avec elle un élément volatile et dangereux. La personne trop ambitieuse peut agir agressivement ou sans considération pour autrui. Personnellement, je crois que l'ambition et la réussite vont de pair. Je suis ambitieux quand je travaille ardemment pour atteindre mes objectifs. Je suis ambitieux lorsque je dépasse mes premières limites et que je fonce vers l'avant. Je suis ambitieux lorsque j'entreprends de nouveaux défis.

L'ambition est bonne. Être ambitieux et vouloir réussir sont des qualités nécessaires et souhaitables pour réussir. Aujourd'hui, je suis ambitieux et je suis heureux de sentir l'énergie que me confère l'ambition.

REGARDER LES CHOSES EN FACE

J'ai compris que je devais apprendre à regarder les choses en face. Je pars avec l'intention d'affronter les difficultés, de résoudre les problèmes et de voir clairement. En voyant les choses clairement, je peux agir logiquement jusqu'à l'aboutissement souhaité d'une situation. En développant ma capacité à voir les choses telles qu'elles sont, je me renforce et je me libère de mes craintes. En confrontant les obstacles directement, je deviens plus fort et moins dépendant de mon environnement et des diverses situations de la vie.

Aujourd'hui, je ne cherche pas à m'obstiner ou à m'imposer mais simplement à voir les choses telles qu'elles sont. Comme la noirceur ne résiste pas à la lumière, la vérité fait fondre le mensonge et la déception.

J'OBSERVE CE QUI EST ÉVIDENT

*«Il n'y a de repos que pour celui qui cherche.
Il n'y a de repos que pour celui qui trouve.»*
— Raoul Duguay

*P*arfois, je suis bouleversé parce que j'ai oublié de regarder simplement ce qui était là. Je me suis créé des chimères en ne croyant que ce que j'avais entendu au lieu d'aller voir par moi-même ce qui en était réellement. Combien de fois me suis-je rendu malheureux à écouter sans me donner la peine d'observer.

Maintenant que je réalise cette chose importante, je décide d'observer et de voir par moi-même.

VOULOIR SERVIR

*A*ujourd'hui, je comprends que servir ne signifie pas s'abaisser et faire preuve d'infériorité. Aujourd'hui, je vois que le dévouement et le désir de servir autrui sont des qualités essentielles que je dois posséder si je veux réussir. Nous vivons dans une société de services et partout nous voyons que les gens détestent servir autrui. Ils ont l'impression de faire quelque chose d'ingrat voire de répugnant. On entre dans un restaurant et le serveur a une attitude hautaine ou déteste fondamentalement son travail. Malheureusement, il n'a pas compris que servir est un privilège et une joie, la haute voie vers la réussite personnelle.

Aujourd'hui, je prends plaisir à servir autrui car je me rends utile en contribuant à son bien-être. Je sais que ma capacité de servir sera déterminante dans ma réussite personnelle.

ÊTRE SON PROPRE CONSEILLER

«Ne croyez rien, ô moines, simplement parce qu'on l'a dit… Ne croyez pas ce que vous dit votre maître simplement par respect pour lui. Mais si, après examen et analyse, vous jugez le principe bienfaisant, porteur de bonté et de bien-être pour l'ensemble des être vivants, alors croyez-y et faites-en votre guide.»

— Bouddha

Je me suis rendu compte que tous et chacun avaient des opinions. Ces opinions et ces points de vue peuvent être très intéressants et porteurs de vérités. Mais je me suis rendu à l'évidence que je devais toujours découvrir par moi-même. Je devais faire mes propres expériences, examiner moi-même les faits et, en dernier lieu, en tirer mes propres conclusions. Notre société d'experts et de spécialistes nous a rendus moins aptes à chercher par nous-mêmes la vérité. Nous avons plutôt tendance à nous fier aux jugements, aux analyses et aux théories des autres. Mais en dernier lieu, je sais que je vais devoir vivre selon mes propres principes, mes propres vérités et mes propres valeurs.

Aujourd'hui, je respect l'opinion d'autrui mais je fonde mes décisions, mes valeurs et ma vie sur les vérités que j'ai moi-même expérimentées et testées.

JE SUIS LE MAÎTRE DE MA DESTINÉE

Il n'y a absolument rien qui prédispose l'individu à vivre telle ou telle expérience. Je sais, sans l'ombre d'un doute, que je suis entièrement libre de choisir ma propre destinée. Seules mes décisions, mes intentions, ma persévérance et ma ténacité sont déterminantes dans la réalisation de mes buts. Je suis le seul à pouvoir améliorer mon sort. Je suis le seul à pouvoir prédire mon avenir. Ce sont mes décisions qui déterminent le dénouement et l'ultime qualité de ma vie.

Je peux perdre le pouvoir sur ma propre destinée si j'attribue une responsabilité ou un pouvoir quelconque sur ma destinée à quelque chose d'extérieur à moi, d'extérieur à mon champ d'action ou de décision.

Aujourd'hui, je suis le maître ultime de ma destinée. Parfois mes actions et mes décisions se heurtent contre les actions et les décisions des autres. Mais cela ne peut pas amoindrir cette vérité.

LA JOIE D'ÊTRE SON PROPRE PATRON

*D*émarrer une petite entreprise exige un bonne quantité de travail et un niveau de responsabilité élevé. On doit pouvoir se relever les manches et travailler intelligemment pendant quelques années, avant de goûter aux fruits de nos efforts. Mais, en contrepartie, je ne connais aucune activité ni aucun projet qui puisse être plus satisfaisant que de démarrer, de gérer et de voir progresser sa propre entreprise. C'est une expérience créative et enrichissante qui contribue à tous les aspects de notre vie.

Aujourd'hui, je connais la joie d'être mon propre patron. Je n'échangerais pas les tracas, les responsabilités, les défis et les victoires qui viennent d'être mon propre patron. Je suis maître de ma destinée. Je suis l'ultime responsable de ma vie.

LE CHANGEMENT

Certains disent que nous pouvons changer, que nous pouvons nous transformer et vivre différemment. D'autres affirment qu'une fois formée, la personnalité d'un individu ne peut pas vraiment changer, à moins que l'individu vive une expérience traumatisante. Il y a un élément de vérité dans ces deux points de vue. Tout d'abord, la personnalité, l'identité, les comportements, les valeurs, les attitudes et les façons d'être que l'individu adopte tout au cours de sa vie sont essentiellement le résultat de son apprentissage, de sa culture et de son tempérament. Toutes ces choses peuvent changer. Mais l'être fondamental, l'être spirituel et véritable, ne change pas car il *est*, tout simplement. En termes très simples, le changement c'est la découverte progressive ou précipitée de l'être véritable qui laisse place à l'abandon de ce qui n'était pas vrai, de ce qui n'était pas essentiel chez lui.

Aujourd'hui, j'accueille l'être que je suis véritablement et je laisse aller tout ce qui n'est pas vraiment moi.

DEVENIR FLUIDE

O n entend dire parfois qu'en vieillissant les gens deviennent plus rigides. Moi, j'ai décidé de devenir plus fluide en prenant de l'âge. La vie, le monde des affaires et les relations intimes exigent énormément de fluidité. On doit pouvoir s'adapter en adoptant de nouvelles perceptions et de nouveaux comportements. Aujourd'hui, je sais que je peux m'adapter. Je peux être fluide et gracieux sans compromettre mes valeurs fondamentales. Je veux vivre avec les autres et je sais qu'en étant rigide et intransigeant, je m'isole et je ferme la porte à de nombreuses expériences intéressantes.

Aujourd'hui, je développe ma capacité d'adaptation car le monde autour de moi est en constante mutation. En demeurant ouvert d'esprit, je ne rate aucune opportunité et je moule mes attitudes et comportements aux exigences réelles de la vie.

Ier avril

LORSQUE J'ÉTAIS PETIT

*L*orsque j'étais petit, notre mère nous demandait souvent d'aller puiser de l'eau. Mon frère et moi nous disputions toujours pour savoir qui serait de corvée. Mais lorsque je me rendais à la source cachée sous l'ombre des sapins, j'entrais dans un monde d'eau, de fraîcheur et de tranquillité. Lorsque je revenais avec mes lourdes cruches, remplies d'eau fraîche, je me sentais tout à fait ressourcé.

Aujourd'hui, je me souviens des leçons importantes sur la réussite que j'ai apprises étant jeune. Mes parents m'ont aidé à comprendre que l'effort et le travail méritaient une récompense. Ils m'ont aussi appris que le travail se partage ainsi que les responsabilités. J'ai rapidement compris que j'avais un rôle à jouer au sein de ma famille et qu'on s'attendait à ce que je participe à la vie familiale en faisant mes devoirs, en allant à l'église et en faisant des tâches à la maison. Ces leçons, rétrospectivement, m'ont été très utiles car je connais aujourd'hui la valeur d'une bonne journée de travail. Je sais assumer mes responsabilité et participer à la vie active de ma famille et de ma communauté.

2 avril

LE PARTAGE DES RESPONSABILITÉS

J e vois maintenant que les responsabilités peuvent être partagées. Dans mes amitiés, dans mes rapports de travail et dans ma vie familiale, je comprends l'importance du partage des responsabilités. Lorsque j'assume trop de responsabilités sans en déléguer aucune, je n'aide personne. Inversement, lorsque je laisse les autres prendre toutes les responsabilités, je ne contribue en rien au travail d'équipe et encore moins à mon estime personnelle.

Aujourd'hui, je cherche à faire la part des choses et je travaille avec les autres afin d'établir un meilleur équilibre dans ma vie.

MON CODE MORAL

J'ai pris conscience de l'importance d'avoir un code moral. J'ai fabriqué ce code à partir des vérités qui m'ont toujours bien servi. Je me suis rendu compte que si je désirais vraiment vivre heureux et réussir, je devais appliquer des principes solides et constants dans ma vie. Ces règles de comportement et ces valeurs sont très simples, elles m'orientent dans mes décisions et me permettent de vivre en harmonie avec moi-même et avec les autres.

Mon code moral a été élaboré à partir de mes expériences, de mes observations et de ce qui est vrai pour moi. En suivant mon code moral, je ne peux que réussir.

JE RESPECTE MES PROMESSES ET JE SUIS DIGNE DE CONFIANCE

«Je conserve mes idéaux car, en dépit de tout, je continue de croire que les gens sont fondamentalement bons.»

— Anne Frank

Je tiens parole et je respecte mes promesses. Avant de donner ma parole ou de faire une promesse, je réfléchis pour être bien sûr que je serai en mesure de livrer la marchandise. Et après mûre réflexion, si je décide de donner ma parole, je sais que je dois la tenir. En suivant cette consigne, je renforce mon estime personnelle et je mérite l'admiration et le respect de tous mes amis et de tous mes collègues. En reconnaissant le poids et l'importance de ma parole, je peux être fiable et sécurisant. Les gens qui travaillent ou qui vivent avec moi savent qu'ils peuvent compter sur moi et je sais que je peux compter sur moi-même en toutes circonstances. Et lorsqu'un problème ou un conflit surviendra, je saurai que j'ai respecté ma parole et serai en mesure de faire la part des choses.

JE SUIS L'ARCHITECTE

*J*e sais que je suis l'acteur principal de ma vie et qu'en acceptant toutes les choses et tous les problèmes qui se présentent comme faisant partie de ma responsabilité, j'augmente mon emprise sur ma vie et sur mon destin. Être responsable ne signifie pas assumer le fardeau de l'incompétence ou de l'irresponsabilité des autres. Cependant, je peux agir pour éliminer les personnes néfastes de ma vie afin de m'entourer de gens sains et aidants. Je peux également accepter de supporter les autres et de participer entièrement à leur vie.

La responsabilité est étroitement liée à l'action. Lorsque j'accepte d'être à l'origine des choses, je peux agir. Lorsque je refuse la responsabilité, j'accepte que les autres et que les situations puissent agir sur moi. Même lorsque je sens que je ne suis pas l'ultime responsable d'une situation, je sais que je suis toujours l'auteur de mes sentiments et de mes pensées. La responsabilité me donne donc le pouvoir de comprendre, d'agir et de réussir.

LE POUVOIR DE MES DÉCISIONS

J'ai compris le pouvoir de mes décisions. Je décide d'agir ou de ne pas agir, d'être ou de ne pas être. C'est la décision qui mène le monde. Le pouvoir de la décision sera toujours supérieur aux conditions de la vie matérielle. J'ai parfois eu l'impression que je devais subir une situation quelconque, mais avec le temps, je me suis rendu compte que c'est moi qui suis l'auteur de ma vie. C'est moi qui décide. Mes décisions sont extrêmement puissantes. Avec ce pouvoir de décision, je peux tout transformer, tout bâtir ou tout démolir.

J'ai parfois sous-estimé le pouvoir de mes décisions car après avoir décidé, je suis retourné à mes vieux comportements. Ce que j'ai constaté, c'est que derrière ma nouvelle décision, il s'en trouvait une ancienne qui était encore plus puissante et qui aidait à garder les choses en place. Aujourd'hui, donc, je décide et je me rends compte que le contexte spécifique de ma vie résulte des décisions que j'ai prises par le passé. Lorsque je veux effectuer un changement dans ma vie, je prends conscience des décisions que j'ai prises dans le passé et je prends, à partir de là, une nouvelle décision.

JE SUIS RESPONSABLE DE MON DESTIN

Je reconnais que je suis entièrement responsable de mon destin. Je sais que ce ne sont pas les circonstances extérieures qui déterminent mon évolution mais surtout mon intention, ma détermination et la valeur de ma contribution. Aujourd'hui, j'agis pour prendre en charge ma destinée. Je cherche à ouvrir de nouvelles portes, à créer de nouvelles possibilités et à étendre mon champ d'action.

JE ME FÉLICITE

Je me félicite d'avoir poursuivi ce chemin vers la réussite personnelle. Je mérite de réussir et d'être apprécié, car je suis une bonne personne. Je ne me félicite pas seulement pour les choses que j'ai faites ou pour mes accomplissements, je me félicite aussi tout simplement pour la personne que je suis. Je sais que je peux compter sur moi-même. Je suis digne d'amour et de respect. Je fais partie de ceux qui vivent consciemment et intentionnellement. Intégrer des bonnes valeurs dans ma vie quotidienne, m'imposer une bonne discipline de travail et travailler harmonieusement avec les autres demandent toujours de l'effort mais cet effort est largement récompensé par l'intensité et la satisfaction d'une vie bien remplie.

9 avril

SOIGNER SON APPARENCE

*D*ans notre société, les apparences sont très importantes. En soignant mon apparence, je serai en mesure d'ouvrir le plus grand nombre de portes. Les gens auront tendance à me regarder et à m'écouter plutôt que de demeurer fixés sur mon apparence. Évidemment, les gens aiment créer des effets avec leur apparence. Je suis conscient de l'effet que je crée avec ma tenue vestimentaire et mon apparence physique.

Aujourd'hui, je mets l'accent sur mon apparence. En soignant mon apparence, je confère un message concernant mes attitudes et mon désir de réussir. En soignant mon apparence, je suscite l'attention et le respect des gens que je côtoie ou qui me rencontre pour la première fois. Aujourd'hui, je soigne mon apparence et je communique mon désir et mon intention de réussir.

LE SECRET DE LA PROSPÉRITÉ

*A*ujourd'hui, je réussis bien sur le plan matériel mais il n'en est pas toujours été ainsi. Il y a de cela plusieurs années maintenant, j'ai fait une découverte très importante qui allait transformer profondément mes rapports de travail: je suis intéressé à rendre les autres plus prospères. Quand j'ai cessé de me préoccuper de ma propre prospérité et que j'ai commencé à travailler activement et intelligemment pour augmenter la richesse des autres, mes propres revenus ont commencé à augmenter. La règle est très simple: lorsque j'offre un produit ou un service qui contribue vraiment à la prospérité, au bien-être et au bonheur des autres, j'en reçois la récompense. Mais je dois pouvoir m'interroger sur ce qui est vraiment en demande. Je dois mettre toutes mes énergies à offrir des choses qui contribueront réellement à la croissance et à l'enrichissement des autres.

Aujourd'hui, je suis entièrement dévoué à rendre les autres plus prospères; j'y puise ma satisfaction et mon succès.

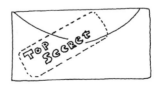

FAIRE UNE OMELETTE

*I*l y a un proverbe qui dit: «On ne fait pas d'omelette sans casser d'oeufs». Il faut parfois faire des choix difficiles si on désire créer quelque chose de nouveau. Lorsqu'on veut démarrer une entreprise, on doit possiblement quitter la sécurité de notre emploi stable et débourser nos économies. Lorsqu'on désire mettre fin à une relation malsaine, on doit pouvoir briser les liens, dire «non, c'est fini».

Aujourd'hui, je n'ai pas peur de casser quelques oeufs pour atteindre des résultats intéressants dans ma vie. Je sais que je peux agir correctement et faire des choix judicieux.

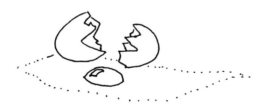

JE ME RENOUVELLE À CHAQUE INSTANT

Aujourd'hui, je sais que chaque instant est nouveau, que chaque instant porte en lui la possibilité de changement et de renouvellement. Je peux donc enlever mon vieux manteau, celui que j'ai appris à mettre pour me protéger du froid et de l'abandon. On dit que chaque cellule de notre corps se régénère. Alors moi aussi je peux me renouveler. Je peux changer d'attitude, je peux changer d'idée. Je peux mettre de nouvelles lunettes pour regarder le monde selon une autre perspective. Je découvre une nouvelle vérité qui changera à jamais ma façon de penser.

Aujourd'hui, je sais que je me renouvelle à chaque instant. Je prend plaisir au fait que tout change. Tout est en perpétuelle mutation. Je ne résisterai pas à ce courant, je me laisserai emporter tout doucement par le flux de la transformation.

13 avril

JE PEUX RÉSOUDRE LES DIFFICULTÉS ET LES CONFLITS

*J*e reconnais que la majorité des difficultés et des conflits peuvent être résolus par la communication. Lorsque je parle ouvertement et que je donne la permission aux autres de communiquer ouvertement, je deviens plus grand que les problèmes. Les malentendus et les disputes ne peuvent pas résister à la lumière de la communication. À chaque fois qu'il y a un conflit ou une dispute, il y a un mensonge ou un fait omis. Je m'habitue donc à parler ouvertement. Ceux qui seront choqués par mon ouverture ne méritent pas mon amitié et ont peut-être quelque chose à me cacher.

JE RÉCOLTE CE QUE JE SÈME

«Continue de faire les semailles, car on ne sait jamais quelles graines porteront fruits... peut-être toutes.»

— Ecclésiaste

Je n'ai aucun doute sur le fait que je récolte ce que je sème. Il est absolument impossible de vivre une vie malsaine et malhonnête sans en récolter les fruits. L'opportunisme, l'avarice et la malhonnêteté nous plongent directement dans la noirceur et la pénurie. La réussite exige un engagement ferme à la justice, à l'amour et la bonté. L'être sait quand il est honnête envers lui-même et il connaît la différence entre le bien et la mal. On peut vivre de mensonges pendant un certain temps mais à la longue on ne peut plus vivre avec soi-même. On cherche alors nous-mêmes à payer pour nos crimes.

J'intègre les valeurs justes et j'emprunte le droit chemin de l'intégrité personnelle car je suis fidèle à moi-même.

METTRE SUR PIED UNE NOUVELLE AFFAIRE

*A*vez-vous constaté que certaines personnes ont plein d'idées pour de nouvelles entreprises mais réussissent à peine à payer leur loyer. À chaque fois qu'on les rencontre, il ont une nouvelle idée pour faire fortune mais ne réussissent pas à s'acquitter de leurs responsabilités du moment. Ce sont des rêveurs qui ont l'énergie de l'impulsion et le pouvoir de l'imagination mais qui manquent de courage et de ténacité pour mener à bien leurs projets. Il n'y a qu'une différence entre eux et moi. Je complète mes projets.

N'importe qui peut mettre sur pied une nouvelle affaire, faire imprimer des cartes d'affaires, louer un local et acheter des meubles de bureau. N'importe qui peut obtenir une marge de crédit et faire brancher un téléphone. Mais seulement une minorité de gens peuvent aller jusqu'au bout de leur initiative en créant quelque chose de profitable et de durable. Je sais que je fais partie de la minorité.

ÉTABLIR OU BRISER LES LIENS DE LA COMMUNICATION

*J*e peux établir ou briser des liens de communication. Je ne suis pas passif devant ce phénomène de la communication. Je choisis de communiquer ou pas, et je choisis de recevoir des messages ou pas. Je suis responsable de la communication que j'établis ou que je n'établis pas. Cela peut paraître un peu simpliste, mais j'exprime ici une vérité fondamentale: je suis libre de communiquer ou de ne pas communiquer.

Parfois, et pour de multiples raisons, je ne désire pas recevoir de communications. C'est mon droit. Ensuite, je désire être en communication et cela est aussi mon droit. De la même façon, il y a des gens avec qui je ne désire pas entretenir des liens de communication. Alors, je suis entièrement libre de briser ces liens.

Aujourd'hui, je choisis d'établir ou de ne pas établir des liens de communication. Et si je le désire, je peux briser des liens de communication lorsque ces communications ne contribuent pas à mon bien-être.

LA LOI DU MOINDRE EFFORT

*A*vez vous entendu parler de la loi du moindre effort? Il s'agit d'un principe selon lequel une personne cherche à obtenir le plus grand résultat en exerçant le plus petit effort possible. On parle de minimiser les efforts pour obtenir le maximum en résultats. Ce principe peut sembler contradictoire mais je vous assure qu'il est très utile dans la vie de tous les jours. On voit que la majorité des inventions et des progrès technologiques sont fondés sur cette loi. Au lieu de frotter le linge pendant des heures, on appuie sur le bouton de la lessive et on s'occupe à faire autre chose.

La loi du moindre effort n'est pas fondée sur la paresse comme telle mais sur l'idée qu'il y a toujours une façon plus efficace de faire les choses qui minimise nos efforts et qui nous permet d'en faire plus.

Aujourd'hui, je mets en application la loi du moindre effort dans l'organisation de mon travail. Je m'efforce à optimiser mes efforts pour obtenir de meilleurs résultats. Je me procure les outils de travail qui me permettront de réduire les délais et d'augmenter la qualité ou la quantité de la production.

L'AFFIRMATION DE SOI

*O*n pourrait dire que l'affirmation de soi est l'art de livrer directement et efficacement une communication en vue d'obtenir un résultat spécifique. Cela ne signifie pas imposer la communication mais plutôt faire valoir son point de vue, sa demande ou ses besoins dans une circonstance donnée. Aujourd'hui, je sais que je peux atteindre mes objectifs en m'affirmant.

Lorsqu'on s'affirme, il est important de ne pas utiliser la colère ou l'agressivité. Cette forme d'intensité sert seulement à briser la communication. On doit rester calme en articulant clairement et de façon consistante notre demande jusqu'à ce que l'on obtienne ce que l'on désire. Derrière tous les «non», il y a un «oui» caché. Alors je dois être persistant si je désire atteindre mon but.

Aujourd'hui, je m'affirme car je me rends compte que mon épanouissement et mon succès passent nécessairement par l'affirmation de soi.

LE RESPECT MUTUEL

*L*e respect mutuel est sans doute l'élément essentiel de la réussite. Comment pourrais-je favoriser l'expression authentique des gens autour de moi si je ne leur accorde pas le respect et le droit d'exprimer leurs propres pensées? Comment pourrais-je m'exprimer librement si je suis face à une personne qui ne me respecte pas? Chaque personne a sa propre expérience de vie, sa propre vision des choses et surtout, le droit fondamental d'être elle-même dans toutes les circonstances.

Aujourd'hui, je favorise la communication en respectant les autres et en leur montrant comment me respecter.

CE QUI NE S'APPREND PAS SUR LES BANCS D'ÉCOLE

L'éducation est certes une chose précieuse qui contribue à la réussite. Mais de nombreuses leçons ne sont pas apprises sur les bancs d'école mais plutôt dans la vie de tous les jours. Dans le monde du travail, nous sommes confrontés par les exigences réelles des tâches que nous voulons accomplir, par les clients que nous voulons servir, par le mode de fonctionnement de notre équipe de travail et par une multitude de considérations pratiques. Dans nos familles, nos amitiés et nos relations de travail, nous devons apprendre diverses leçons afin de connaître l'harmonie et le bonheur.

Aujourd'hui, je vois que la vie est un processus d'apprentissage et de perfectionnement continu. Je dois être ouvert aux leçons de la vie, si je désire m'améliorer et réussir. Bien sûr, je m'attends à pouvoir réaliser les choses sans commettre d'erreurs ou sans avoir besoin de faire des ajustements. Par contre, je suis toujours ouvert à trouver de nouvelles solutions et à développer de nouvelles approches.

LE NON-DIT

«Il est absolument inutile de marcher pour aller prêcher, à moins de prêcher où l'on marche.»
— Saint-François d'Assise

Nous avons appris qu'une part importante de la communication était non verbale. On communique avec nos expressions corporelles et faciales, avec des gestes, des regards, des soupirs, etc. Les actions aussi communiquent des messages importants. De façon ultime, on doit se fier davantage aux actions qu'aux paroles car les paroles peuvent être très faciles à prononcer mais plus difficiles à mettre en action.

J'évalue les gens de mon entourage beaucoup plus en fonction de leurs actions que de leurs paroles. Les personnes fiables et honnêtes respectent leur parole et complètent leurs projets. Les gens moins sincères peuvent dirent toutes sortes de belles choses mais accomplissent très peu. Je désire être une personne intègre et digne de confiance, donc je cherche à compléter mes projets et à respecter mes engagements. Le chemin vers la réussite passe par la mise en application de mes principes et par ma fidélité à ma parole.

LES OPINIONS

*T*ous les gens ont des opinions. Souvent, elles sont fort intéressantes et peuvent être très utiles. On peut vous dire comment élever vos enfants, combien de fleurs vous devez planter dans votre jardin, comment régler tous vos problèmes financiers et quelles vitamines prendre le matin après le petit déjeuner. Mais il existe une franche différence entre la personne qui vous parle de son expérience en connaissance de cause et celle qui émet son opinion. On peut acheter des opinions sur un coin de rue pour quelques sous la douzaine, mais le conseil de celui qui a réussi dans un domaine particulier vaut beaucoup plus.

Je suis toujours intéressé par les points de vue des gens. Ils me stimulent et me permettent de regarder les choses sous différents angles. Mais je ne fonde pas mes décisions sur les opinions des gens. Je cherche plutôt à approfondir mes connaissances en faisant ma propre analyse et l'expérience directe de la chose. Et parfois, je consulte quelqu'un d'expérience pour obtenir son conseil.

Nos collègues de travail

*L*e travail peut provoquer de nombreuses situations stressantes. Malgré le stress, il est essentiel de conserver de bonnes relations de travail avec ses collègues. Si on se laisse aller à ses émotions et qu'on se dispute ou si on dévalorise un collègue à cause d'une erreur, on risque d'affaiblir notre capacité à collaborer.

Aujourd'hui, je vois l'importance de bonnes relations de travail. Je dois tenter de créer un contexte chaleureux de collaboration et d'entraide et ne pas m'abandonner aux disputes, à la colère ou à la rancune. Si le comportement d'un collègue me nuit directement ou nuit à la qualité du travail, je dois trouver une façon efficace et diplomatique de régler le problème.

LA QUALITÉ, LA QUALITÉ, LA QUALITÉ

*O*n parle aujourd'hui de contrôle de qualité comme si la qualité était devenu l'obsession de toutes les entreprises. Mais une analyse sommaire nous démontre que la notion de qualité est plutôt vague et se rapporte plus souvent à la consistance et à l'homogénéité des produits. Pour moi, qualité signifie durabilité, utilité, permanence et valeur. Un produit ou un service est de qualité lorsqu'il répond aux exigences du client et lorsqu'il est constitué à partir d'un effort réel et soutenu pour produire quelque chose de vraiment utile et durable.

On doit pouvoir en offrir davantage à notre client. On doit pouvoir lui donner tout ce qu'il recherche dans ce produit ou ce service, et plus encore. Ce produit ou ce service de qualité doit également être offert à un prix égal ou inférieur au prix des concurrents. C'est donc la responsabilité de l'entreprise de rationaliser et d'organiser sa production afin de lui fournir ce produit de qualité.

Aujourd'hui, je sais que ma réussite dépend entièrement de ma capacité d'offrir un produit ou un service de grande qualité. Je sais qu'en plus de satisfaire mon client, je serai fier de mon travail et je réussirai à me tailler une belle place dans mon domaine.

DONNER RAISON AU CLIENT

Vous avez sans doute entendu l'expression: le client a toujours raison. Cette notion signifie que l'on doit toujours se préoccuper de la satisfaction du client et que l'on doit tout tenter pour conserver sa loyauté. En principe, il importe de respecter cette règle, mais on doit aussi se méfier de ces gens qui cherchent à abuser de notre désir de bien servir le client. Ces derniers seraient heureux de pouvoir dominer ou malmener les membres de notre organisation pour le simple plaisir de le faire. Mais fondamentalement cette règle d'or nous servira toujours dans la conduite de nos affaires.

Aujourd'hui, je cherche à satisfaire mon client et je lui donne raison car je désire fonder une bonne relation d'affaires. Lorsque le client, pour quelque raison que ce soit, n'est pas entièrement satisfait, je tente par tous les moyens de remédier au problème.

BÂTIR DES RELATIONS À LONG TERME

Le succès est fondé sur les relations à long terme. Une relation, comme un bon vin, s'améliore avec le temps. On finit par bien comprendre le mode de fonctionnement de l'autre et vice versa. On partage des valeurs et on contribue mutuellement à l'essor de nos collaborateurs. On doit protéger nos relations à long terme et les nourrir à chaque occasion.

Aujourd'hui, je vois que ma réussite dépend de mes relations et je cherche à perpétuer ces relations dans le temps. En faisant ainsi, je bâtis un puissant réseau d'alliés qui partagent mon désir de croissance.

SUIVRE L'EXEMPLE AMÉRICAIN

*D*epuis leur ascension au premier rang des nations du monde, les États-Unis d'Amérique ont été accusés de tous les maux du monde. L'Amérique est singulière en ce qu'elle offre (en principe) la possibilité à quiconque de réussir. Il y a quelque chose de sain et d'affranchi dans cette culture qui offre, même aux plus démunis, le droit de rêver qu'un jour ils seront dans une bien meilleure position. C'est le rêve américain qui distingue cette culture des autres sociétés plus ankylosées de cette planète car lorsque les gens ordinaires ne peuvent plus rêver et croire qu'ils pourront améliorer leur sort un jour, ils cessent d'adhérer au système et cherchent plutôt à le saboter.

Aujourd'hui, je suis l'exemple américain en croyant que je pourrai améliorer ma condition. Je rêve du jour où je serai indépendant financièrement et où j'aurai un style de vie enviable. Je suis l'exemple américain en passant à l'action et en réalisant ces rêves. Je fais des efforts chaque jour et je garde les yeux rivés à mes objectifs, à mon rêve.

UN MANUEL DE L'OPÉRATEUR DE LA VIE

*P*endant longtemps j'ai cherché un manuel d'opérateur de la vie. Un genre de guide qui me permettrait de comprendre et d'améliorer ma capacité de réussir dans la vie. Il y a certes des approches intéressantes à la vie et une abondance de livres traitant de développement personnel. Mais j'ai réalisé que je devais découvrir ma propre approche et mes propres vérités. Je peux définitivement m'inspirer des thèses et des stratégies élaborées par de grands penseurs mais je dois surtout trouver mon propre chemin vers la réussite.

Aujourd'hui, j'élabore mes propres stratégies et mes propres approches pour réussir dans la vie. Je fonde mon approche sur des valeurs sûres avec le désir profond de servir et de faire le bien autour de moi. Je ne suis pas seul dans cette quête pour une vie plus harmonieuse et je trouverai des alliés en chemin qui partageront mes valeurs et mon désir de réussir.

L'ASPECT SPIRITUEL DU TRAVAIL

«De manière générale, l'accomplissement implique une certaine forme de pouvoir, de contrôle, de potentiel à maîtriser, de la volonté et de la croyance dans une personne qui peut accomplir une tâche. À un niveau plus élevé, cela ne veut pas uniquement dire accomplir une tâche, mais aussi être conscient que cette tâche est complète. En fait, le plus haut niveau d'accomplissement est probablement la sensation d'avoir contribué à quelque chose, ce qui donne de la valeur à cette tâche.»

— Charles L. Whitfield

Au-delà de toute autre considération, le travail permet à l'individu de s'élever aux plus hauts rangs de la société. Mais le travail a aussi un aspect spirituel. En travaillant, je reconnais que je suis l'architecte de ma propre vie. Je réalise qu'il y a toujours quelque chose à faire et une cause à laquelle contribuer. En travaillant, je renforce ma relation avec moi-même et avec les autres. Le travail est vertueux car il confère la fierté, la compétence et la liberté.

SUIVRE L'EXEMPLE JAPONAIS

*L*es Japonais ont surpris et ébranlé le monde entier en devenant, en quelques années, une puissance économique mondiale. Les capitaines de l'industrie, les économistes et les hommes d'État ont été tellement pris de court par l'émergence du Japon qu'on a tenté pendant une période de freiner leur accès à nos marchés. Mais progressivement, les manufacturiers ont commencé à s'adapter aux nouveaux standards imposés par les fabricants japonais. Le secret japonais n'est pas si complexe que cela. Pendant que les Américains et les Européens étant en train de compromettre la qualité pour faire des économies et développer des produits jetables, les Japonais offraient des produits de qualité avec un long cycle de vie et offerts à un prix inférieur. Le consommateur a réagit en se tournant vers la qualité.

Aujourd'hui, je sais que si je désire réussir, je devrai savoir satisfaire mon client en offrant un travail de qualité. Je peux suivre l'exemple japonais en travaillant de façon efficace et compétente pour donner un meilleur produit à mon client. Si j'espère me tailler une place dans l'économie moderne et bâtir une clientèle fidèle, je devrai donner mon maximum.

L'ARTISTE

J'ai toujours cru que j'étais un artiste
Et avec mon pinceau, je pouvais colorer
le monde

J'ai toujours cru que j'étais un chanteur
Et avec ma guitare, je pouvais te dire
comment je t'aime

J'ai toujours cru que j'étais un sculpteur
Et avec mes mains, je pouvais transformer
la pierre

J'ai toujours cru que j'étais un poète
Et avec mes mots, je pouvais changer
le monde

LA VALEUR DE L'ARGENT

*J*e me suis rendu compte à un moment donné que l'argent pouvait être utilisé, essentiellement, de deux façons: on peut s'en servir pour acquérir des biens et des services de consommation ou on peut l'utiliser pour générer une plus value*. Lorsqu'on utilise l'argent pour consommer, on doit sans cesse se préoccuper de la source de cet argent. Lorsqu'on est engagé dans le processus de création de valeur, soit en créant un produit ou un service désiré, on devient nous-mêmes la source de notre propre prospérité. On augmente notre valeur inhérente et alors l'argent devient tout à fait secondaire.

Aujourd'hui je vois l'argent comme un moyen de créer de la valeur. J'investis dans la création d'un produit ou d'un service qui comblera un besoin. De cette façon, je serai en mesure de transformer l'argent en un outil de travail et non pas en une fin en soi.

*Plus value signifie la valeur additionnelle que prend un produit lorsqu'il a subit une transformation pour le rendre utile. Par exemple, quand on transforme la cire en chandelle on lui donne une plus value.

MARCHER DANS LES SOULIERS DE L'AUTRE

«La tolérance est la charité de l'intelligence»
— Jules Lemaître

L a tolérance consiste à permettre à l'autre: d'être ce qu'il est, d'avoir ses propres idées, coutumes et croyances, d'aimer ce qui correspond à ses goûts et vivre et penser différemment de nous.

La tolérance commence dans le noyau de toute société, la famille. Les parents qui regardent avec bienveillance leur enfant faire ses premiers pas en trébuchant; qui partagent leur savoir et leurs expériences avec patience, qui les encouragent et qui suscitent en eux la persévérance, en sont des exemples. L'enfant doit avoir le temps d'apprendre et de comprendre; les connaissances et le savoir s'apprivoisent graduellement. Et puis ce qu'on dit et comment on le dit entrent dans la mémoire de l'enfant. Il n'est pas rare de voir des haines se transmettre de génération en génération.

Aujourd'hui, je réalise que je dois exercer la tolérance car je désire pouvoir travailler avec les autres et vivre en harmonie. Le travail d'équipe est essentiel à la réussite, donc je demeure ouvert aux idées, aux personnalités et aux manières d'être des autres.

DÉFINIR LES CONDITIONS DE SATISFACTION

J'ai appris qu'il est très utile de définir ensemble les conditions de satisfaction avant de débuter un projet. Pour moi, cela signifie: bien définir ce qui rendra le client satisfait et heureux et ce à quoi il s'attend de moi. On doit clairement définir quelle sera la rémunération pour ce travail bien accompli. Évidemment, il peut y avoir des imprévus en cours de route, qui pourront alors être négociés. Mais en définissant au préalable les conditions de satisfaction, je serai en mesure de travailler l'esprit tranquille en sachant ce qui est exigé de moi. De plus, cet exercice m'oblige à bien analyser la situation et à bien planifier mon travail dès le départ.

Aujourd'hui, avant de débuter un projet ou un contrat, je prends le temps de bien définir les conditions de satisfaction avec mon client. De cette façon, j'élimine la source des conflits et des malentendus potentiels et je centre mon énergie sur le travail.

ENCORE UN PEU PLUS LOIN

«Vingt fois sur le métier, remettez votre ouvrage; polissez-le sans cesse et repolissez-le.»

— Boileau

Persévérer… Ce mot vient de sévère, qui en latin (severus) signifie inflexible. Quelqu'un qui persévère ne fléchit donc pas. Les exemples de gens ayant réussi dans leur domaine révèlent d'ailleurs ce même ingrédient: la persévérance. Leurs histoires de succès témoignent de la constance qu'ils ont su mettre dans l'effort, la persistance devant les difficultés, sans jamais baisser les bras, même si le découragement semblait quelquefois l'emporter.

Aujourd'hui, je comprends que la persévérance provient de l'intérieur; elle ne viendra pas de mon entourage. Même si les amis peuvent m'encourager dans ma démarche, rien ne peut remplacer ma propre persévérance.

La persévérance, c'est le marathonien qui, malgré la fatigue, continue jusqu'au fil d'arrivée; c'est tenir tête à l'adversité; c'est refuser de capituler même lorsque tout est à refaire.

ÊTRE VRAI

«La force se manifeste dans l'honnêteté féroce avec soi-même. C'est seulement lorsque l'on a le courage de faire face aux choses telles qu'elles sont, sans illusion ou déception, qu'une lumière pourra surgir de l'événement et nous guider sur le chemin juste».

— Le I Ching

*L*orsqu'on parle d'honnêteté, on pense à la qualité de celui qui ne cherche pas à voler ou à frauder les autres. Ce mot était, à l'origine, plus rattaché à la notion d'honneur. Quelqu'un d'honnête était un individu juste, digne de considération et d'estime.

L'honnêteté est une qualité essentielle pour celui ou celle qui désire réussir. On doit tout d'abord être férocement honnête avec soi-même. On doit pouvoir voir les choses en face et pouvoir compter sur soi pour mener des projets à terme. On doit savoir qu'on a fait ce qu'on devait faire et tenir notre parole. On doit pouvoir affronter les situations difficiles et les problèmes sans réserve, en sachant qu'on pourra apporter la meilleure solution. De plus, en étant honnête et sincère avec les autres, on commande leur respect et leur confiance. Ils savent qu'il peuvent compter sur nous pour leur donner l'heure juste.

SEMER L'HARMONIE

«Nos vies sont ponctuées de mots gentils et de gestes gracieux. Nous nous abreuvons aux expressions marquant une courtoisie élémentaire, du genre: "Veuillez m'excuser." L'impolitesse, négation du sacrement de considération, est une autre caractéristique de notre société axée sur l'argent, carencée en spiritualité, sinon en plaisirs tirés de l'existence».

— Ed Hays

Chaque personne désire vivre dans le bonheur et l'harmonie. J'ai le devoir de semer l'harmonie dans mon entourage. Je suis responsable en quelque sorte du bonheur et de la paix d'esprit de mes collègues de travail, des membres de ma famille et de mes voisins. Il est toujours préférable d'aborder les choses d'un ton cordial et amical. La majorité des problèmes se règlent avec le dialogue et l'ajustement mutuel. Je tente donc de respecter autrui en semant l'harmonie à tous les jours. Évidemment, je ne me laisserai pas bousculer ou malmener mais je pars avec l'intention de bien m'entendre avec les gens.

LE TRAVAIL DE PRÉPARATION

*A*vant de débuter un projet ou une entreprise, il est nécessaire de faire un travail de préparation. La préparation implique une analyse de tout ce que l'on requiert pour réussir. La préparation nous permet de réduire les risques inhérents à l'aventure et de bien identifier les ingrédients du succès. Selon la nature et l'ampleur du projet, le travail de préparation peut prendre quelques jours ou parfois quelques années. Le travail de préparation est l'antichambre de la réussite. Il peut impliquer une période d'apprentissage ou un retour aux études pour parfaire nos connaissances.

Aujourd'hui, avant d'entamer un projet, je fais le travail de préparation. Je me prépare à affronter toutes les tâches et tous les défis auxquels j'aurai à faire face. Je me prépare mentalement, financièrement et psychologiquement aux exigences du projet. En faisant mon travail de préparation, j'augmente mes chances de réussir.

DÉVELOPPER UNE FORMULE GAGNANTE

*A*ujourd'hui, je sais que je dois développer et exploiter une formule gagnante si je veux réussir en affaires. Le développement d'une formule gagnante implique les étapes suivantes: identifier le besoin de la clientèle; développer un produit ou un service qui vise à combler un besoin clairement identifié; effectuer les tests du produit ou du service auprès de la clientèle potentielle; modifier ou perfectionner le produit ou le service en fonction des résultats obtenus; délivrer le produit; analyser les résultats des ventes afin de déterminer si le produit ou le service atteint les résultats escomptés.

Ensuite, la formule gagnante doit être raffinée et renforcée en fonction des réalité spécifiques de notre marché. Je vois qu'en développant une formule gagnante, je mets toutes les chances de mon côté. Je n'opère pas à l'aveuglette mais en respectant des critères objectifs et en appliquant une stratégie qui me permet de tester mes hypothèses.

LA TÉNACITÉ

*A*ujourd'hui, je récolte les fruits de ma ténacité. L'univers accorde son respect et se livre seulement aux êtres les plus tenaces. Ces êtres, qui refusent de tomber en accord avec les apparences, la médiocrité, la malhonnêteté et la lâcheté, ne seront pas engloutis dans la tourmente lorsque l'univers physique cédera et livrera ses vérités.

LA VIE EST UNE AVENTURE

«Aujourd'hui je vivrai pleinement; je me jetterai tête première dans l'aventure qu'est la vie. Je n'esquiverai pas les risques. Depuis trop longtemps ma vie se caractérise par l'ennui issu de la routine. En cherchant la sécurité, je me suis encroûté dans une routine qui finit par ressembler à une tombe. Aujourd'hui, je veux explorer et élargir mes frontières sur les plans physique, mental et spirituel. Je veux éprouver l'euphorie provenant de mes nouvelles expériences.»

— Rokelle Lerner

Je crois pouvoir créer exactement la vie que je veux vivre. Il n'est pas nécessaire de faire de compromis. Je peux être heureux et épanoui dans toutes les sphères de ma vie. Lorsque je traite la vie comme une merveilleuse aventure, je m'ouvre à découvrir de nouvelles choses et à vivre de nouvelles expériences. Je peux recomposer ma vie avec de nouveaux éléments.

Aujourd'hui, je pars à l'aventure avec la conviction que je découvrirai le bonheur.

ÊTRE HEUREUX

«La vraie façon d'être heureux, c'est d'aimer notre travail et d'y trouver notre plaisir.»
— Françoise de Motteville

J e me suis rendu compte que le travail peut être un jeu, qu'il peut être une source de plaisir et de joie. Je n'attends pas que le travail soit terminé pour m'amuser. Je m'amuse au travail. Je n'attends pas ma retraite pour vivre. Je peux vivre et être heureux en travaillant. En travaillant, je peux bâtir, je peux me réaliser, je peux m'exprimer.

Aujourd'hui, je me donne à mon travail car en me donnant, je me retrouve et je me découvre.

FAIRE CE QUE JE DOIS

«Mettez tout votre coeur, votre esprit, votre intellect et votre âme dans le moindre de vos gestes. Tel est le secret de la réussite!»
— Swami Sivanada

Je me suis rendu compte que je dois me fier à mon propre jugement et faire ce que je dois. Je peux écouter les bons conseils de mes amis, de ma famille, des experts dans le domaine, mais de façon ultime, je dois vivre avec les conséquences de mes actes. Alors, je dois formuler en moi les réponses spécifiques aux situations et aux problèmes auxquels je fais face.

Je dois être en mesure de me tailler un chemin dans cette société. Je dois développer ma propre formule, ma propre recette. Je peux emprunter des éléments ici et là mais, en fin de compte, je dois pouvoir créer mes propres stratégies.

Aujourd'hui, je suis heureux de recevoir les conseils et les opinions des autres mais je sais que je dois, en dernier ressort, écouter mon coeur et faire ce que je dois faire.

LE TRAVAIL SIMPLE

«En faisant une tâche qui doit être faite et refaite, nous reconnaissons les cycles naturels de la croissance et de la détérioration, de la naissance et de la mort; ainsi, nous nous rendons compte de l'ordre dynamique de l'univers. Le travail «simple», c'est celui qui reste en harmonie avec l'ordre que nous percevons dans l'environnement naturel.»

— Fritjof Capra

Je crois qu'il y a quelque chose de très nourrissant dans le travail simple qu'on accomplit à chaque jour. Dans ce travail, je trouve mon équilibre. Lorsque je complète une tâche comme mettre de l'ordre dans la maison, faire du repassage, laver la vaisselle, j'ai l'impression de mettre ma vie en ordre. Ces petites tâches quotidiennes me demandent très peu d'effort intellectuel. Je peux donc accomplir ce travail tout en pensant aux choses qui me préoccupent ou en planifiant d'autres activités. Le travail quotidien est une forme de méditation pour moi. Aujourd'hui, j'accomplis des tâches simples et de cette façon, je mets de l'ordre dans ma vie, je bouge et j'avance.

LA RÉSOLUTION DE PROBLÈMES

*P*our réussir, je dois pouvoir faire face et résoudre les problèmes qui surgissent dans ma vie. Si je tente de les éviter, ils referont surface tôt ou tard et je devrai travailler plus ardemment pour les résoudre car je leur aurai résisté fondamentalement. Mais si je développe une attitude qui me permet d'accueillir les problèmes un peu comme on accueille un vieil ami, je ne serai jamais pris au dépourvu. Le problème peut être perçu comme un obstacle ou une barrière, ou tout autrement. Il peut aussi être vu comme une variation intéressante dans un jeu, ajoutant du piquant et de l'intrigue à ma vie. Je peux accueillir joyeusement les problèmes car ils me permettront de dépasser mes limites initiales, pour aller plus loin et devenir encore plus fort.

Aujourd'hui, j'accepte que la clef de mon succès réside dans ma capacité à résoudre des problèmes. Au lieu de tenter de fuir ces problèmes, je les accueillerai.

BÂTIR UN AVENIR

«Vous ne deviendrez jamais une personne gâtée si vous faites votre propre repassage.»
— Meryl Streep

L e travail me ramène à ce qu'il y a d'essentiel dans la vie: bâtir. Je suis seul responsable de ma vie et de mon bien-être. En travaillant, je me réalise. Je contribue à la société. Je prends la pleine responsabilité de la place que j'occupe dans ma famille, dans ma communauté, dans le monde. Lorsque je laisse les autres travailler à ma place, je perds ma place. Aujourd'hui, je me retrousse les manches et je travaille.

Je peux me lever à chaque matin pour aller gagner ma vie. Et cela est très honorable en soi. Mais je suis capable de faire plus. Je peux bâtir. Avec mon travail, mon intelligence et ma créativité, je peux me bâtir un avenir plus grand, donner naissance à une entreprise et la développer afin qu'elle persiste après mon départ. Je suis venu ici pour créer des liens, pour dépasser mes limites, pour ajouter quelque chose qui n'était pas là. Aujourd'hui, mon travail vivant me permet de bâtir quelque chose de plus grand, quelque chose de nouveau, quelque chose de beau, qui contribue aux êtres qui partagent cette planète avec moi.

ACCEPTER L'AIDE DES AUTRES

«J'avais pris la décision de travailler seul. J'allais m'en occuper moi-même. Je n'avais pas besoin de l'aide des autres. Ma décision avait été fondée sur l'idée que j'allais atteindre de meilleurs résultats en travaillant seul et que l'intervention des autres ne pouvait que me ralentir. Évidemment, c'est parce que j'avais connu de mauvaises expériences. Et à partir de ces expériences, je m'étais replié sur moi-même. Avec le temps, je me suis rendu compte que je ne pouvais travailler seul que pendant un certain temps. Éventuellement, j'allais devoir accepter l'aide des autres».

— M. George

L e travail de groupe peut être une expérience magnifique. Parcontre, cela demande beaucoup de communication, de bonne volonté et une courtoisie fondamentale. Les récompenses du travail de groupe sont énormes. On peut bâtir ensemble. On peut accomplir de grandes choses en groupe. On peut vivre des expériences de partage et de complicité incroyables.

Aujourd'hui, je sais que je peux travailler seul ou en groupe. Je ne me limite plus et je m'ouvre à la collaboration et au travail d'équipe.

J'AI OUBLIÉ MA RETRAITE

«Si je suis incapable de laver la vaisselle avec plaisir ou si je désire en finir rapidement pour pouvoir reprendre ma place à table pour le dessert, je suis tout aussi incapable d'apprécier mon dessert! La fourchette à la main, je songe à la prochaine tâche qui m'attend et la texture et la saveur du dessert ainsi que le plaisir d'en profiter s'envolent. Je serai toujours entraînée dans le futur et je ne serai jamais capable de vivre le moment présent.»
— Thich Nhat Hanth

Il existe un discours en société qui s'exprime essentiellement comme suit: *En travaillant intelligemment et en économisant, je pourrai prendre ma retraite lorsque je serai encore assez jeune pour vraiment profiter de la vie.* Cette forme de pensée n'est pas vraiment fertile car elle nous propulse encore dans l'avenir et nous fait oublier la magie du moment présent. Le travail n'est pas quelque chose que l'on fait en attendant notre retraite. Le travail, c'est la vraie vie qui se déroule maintenant.

Aujourd'hui, j'aime que mes journées soient remplies d'activités, de rencontres et d'engagements. Pour moi, la vraie vie — la seule vie — se déroule maintenant. Je n'échangerais pas cette vie intense.

LE COURAGE DE RÉUSSIR

*O*n doit mettre autant d'énergie à réussir qu'à essuyer un échec. Il y a autant de travail, autant de difficultés, dans le succès que dans l'échec. Je me suis rendu compte qu'on doit travailler activement pour grandir ou pour rester petit. Lorsqu'on ne met pas d'efforts ou d'énergie dans l'atteinte de nos buts, on dépense une énergie folle à résister à ce qui vient naturellement. L'être cherche naturellement à se manifester et à vivre le succès dans ses entreprises. On doit mettre beaucoup d'efforts pour ne pas permettre sa pleine réalisation.

Donc, le succès demande une certaine quantité de courage, le courage de se rendre compte des décisions et des obstacles qu'on a mis sur le chemin de notre propre réussite. Cet exercice demande énormément de discernement et de rigueur. Lorsqu'on est disposé à faire l'inventaire de nos limites, de nos décisions et de nos barrières, on crée déjà une ouverture vers le succès. Ce dernier demande une forme de courage de vivre une vie plus grande, plus exigeante et de dépasser les limites de ce qui est déjà connu.

Aujourd'hui, je prends mon courage à deux mains et j'avance vers le succès.

L'ÉTHIQUE EN AFFAIRES

«J'ignore quel sera votre destin, mais une chose est sûre: parmi vous, les seuls qui connaîtront le bonheur sont ceux qui auront cherché et trouvé comment servir autrui.»
— Albert Schweitzer

L a réalité du monde des affaires est parfois difficile à affronter car si les gens d'affaires se préoccupent parfois de l'éthique professionnelle, parfois ils ne s'en préoccupent pas du tout. Ils le font lorsque les choses vont bien et l'oublient lorsque les choses vont moins bien. Cette attitude mène directement à la médiocrité et souvent à l'échec car sans un fondement moral solide, l'entreprise ne peut prospérer. Les entreprises et les gens d'affaires qui réussissent, le font avec l'appui de leurs clients, de leurs fournisseurs, des banques et de leurs employés.

En affaires, respecter l'éthique signifie simplement offrir un produit ou un service qui contribue au bien du client et de la société. Cela signifie également offrir un produit ou un service de valeur égale ou supérieure au prix payé par le client.

J'ai compris que si je désire bien réussir, je devrai mettre en application ces principes fondamentaux d'éthique dans le cadre de mon travail.

LA CLEF DU SUCCÈS

«Si on désire comprimer quelque chose, on doit tout d'abord le laisser s'étendre. Celui qui demande trop au début en demande trop, et à la fin, ne réussit rien.»

— Le I Ching

Il n'existe pas mille et une façons de réussir sa vie professionnelle. On doit tout d'abord choisir un domaine qui nous intéresse et ensuite on doit y travailler assidûment pendant un bon nombre d'années pour être en mesure de bien cerner tous les aspects de l'entreprise. En se plantant solidement les pieds dans ce secteur et en s'imposant progressivement, on sera en mesure de commander le respect et la collaboration de nos pairs. Les fréquents changements d'orientation et de champs d'intérêts mènent sans doute à la découverte mais pas nécessairement au succès.

Aujourd'hui, je prends la décision de poursuivre dans le domaine que j'ai choisi car je sais que je réussirai à y tailler ma place.

LE POUVOIR DE MES RÊVES

*J*e peux formuler mentalement les buts que je désire atteindre. Si je désire obtenir tel ou tel résultat, je dois pouvoir l'imaginer comme si je l'avais atteint. Voilà le pouvoir de mes rêves. Je peux imaginer mon avenir. Je peux construire mentalement la situation et le contexte de vie que je désire. Cette construction mentale devient alors un guide pour moi.

Si je ne me donne aucun but, aucun rêve, comment puis-je me rendre compte de mon évolution? Mon imagination peut guider mes actions.

Aujourd'hui, j'utilise mes rêves pour me guider et pour m'inspirer.

LE LABEUR DES AUTRES

«Cent fois par jour je me redis que ma vie intérieure et extérieure dépend du labeur d'autres hommes, vivants et morts, et que je dois m'efforcer de donner dans la mesure où j'ai reçu et où je reçois encore.»

— Albert Einstein

Je me suis rendu compte que je dois travailler à chaque jour afin de gagner ma place dans la société. Je ne peux pas me contenter de vivre du labeur des autres. La tentation peut être très grande de vivre aux crochets de l'État, simplement par frustration ou par résignation. Mais je ne travaille pas seulement pour gagner ma vie. Je travaille pour renforcer mon estime personnelle, pour être en rapport avec les autres et pour contribuer au bien-être d'autrui. Alors, je reconnais l'importance de faire ma part.

CE QUE JE FAIS EST IMPORTANT

«La moindre tâche de la vie quotidienne participe à l'harmonie globale de l'univers.»
— Sainte Thérèse de Lisieux

Toute tâche, tout travail qui contribue à l'harmonie globale de l'univers est bon. Il n'y a pas de sot métier. Le laveur de vitres, la femme de ménage, le plombier, le scientifique, tous jouent un rôle dans cette harmonie globale de la vie sociale.

Aujourd'hui, je suis fier du travail que j'accomplis. Je suis heureux de pouvoir contribuer à l'harmonie globale.

Un jour à la fois

Comme on bâtit une maison en commençant par la fondation, on doit bâtir notre avenir en faisant une action, une tâche à la fois et un jour à la fois. J'ai l'occasion aujourd'hui de faire un pas de plus vers mon objectif. Je garde mon but en tête et je travaille assidûment afin de l'atteindre. Je ne me décourage pas car je sais que la satisfaction vient d'un journée de travail bien accompli. Je prends plaisir à donner mon maximum dans toutes les tâches que j'accomplis et de cette façon, j'amplifie mon bonheur et ma fierté personnelle.

ON RÉUSSIT LORSQU'ON EST HEUREUX

*L*e bonheur est un bon indicateur de la réussite. Lorsqu'on est heureux, on se sent confiant et décontracté. On peut envisager la vie d'un point de vue optimiste mais détaché. On est efficace dans notre travail et positif dans notre ton et dans nos communications. Ainsi, le bonheur et la réussite vont de pair. J'ai développé ma recette pour être heureux et la voici:

— je ne fais pas aux autres ce que je ne voudrais pas qu'ils me fassent;
— je poursuis mes rêves et mes objectifs avec ferveur et passion;
— j'intègre les valeurs fondamentales, le respect d'autrui et les lois de la société;
— je partage les fruits de mon succès;
— je suis toujours disposé à prêter mon appui à un ami, un proche ou un collègue;
— je respecte mes engagements et ma parole;
— je participe à ma vie familiale et à la vie de ma communauté;
— je suis fidèle dans ma relation de couple;
— je suis un travailleur compétent.

Cette formule simple me permet d'être heureux à tous les jours. Ainsi, je m'attire surtout des bonnes choses.

ÊTRE RESPECTÉ DANS SA PROFESSION

*J*e crois qu'un élément important de l'estime de soi vient du fait qu'on est ou non respecté dans la profession que l'on a choisie. Le respect commande le respect. L'honnêteté commande la confiance et la certitude. La consistance et la politesse commande la camaraderie et le plaisir de travailler ensemble. L'aide et la compréhension commande l'amitié et l'amour. À chaque jour, je détermine mes comportements et mes attitudes envers les gens qui m'entourent. Je ne tolère pas l'incompétence, l'espièglerie ou le sabotage mais j'aime travailler avec les êtres qui désirent sincèrement apprendre et s'améliorer.

Je crois qu'on est tous dans le même bateau, avec sensiblement les mêmes préoccupations. Alors, je respecte les gens avec qui je travaille et je tente de les aider à m'aider. Je veux être un membre respecté de ma profession alors j'agis en conséquence. Sans me laisser marcher sur les pieds, j'accorde de l'aide et du respect à ceux qui travaillent pour et avec moi.

LES VERTUS DE L'ÉCHEC

«Les enfants n'ont pas peur d'essayer de nouvelles choses; ils n'ont pas peur d'échouer et d'essayer encore. Alors, pourquoi nous, les adultes, sommes-nous si obsédés par l'échec — le nôtre et celui de nos enfants? Pourquoi est-ce si difficile de laisser nos enfants se classer dans la moyenne ou faire des erreurs? Pourquoi sommes-nous si angoissés dès qu'ils font des gaffes?»

— Judy Ford

*O*n croit peut être inconsciemment que nous devons toujours réussir et bien paraître dans toutes les situations. Cette croyance limite notre capacité de réussir car nous ne pouvons pas facilement reconnaître et accepter nos erreurs. De plus, ce besoin de réussir à tout prix vient gêner notre capacité d'agir librement et spontanément.

Aujourd'hui, je m'accorde une liberté d'action et je suis disposé à accepter mes erreurs. Je sais que si je commets une erreur, je serai en mesure de la reconnaître et d'ajuster mes comportements futurs. Je vois que la spontanéité et la liberté d'action sont plus importantes que de bien paraître.

LA FOLIE DE L'ARGENT

*O*n a fait l'erreur de confondre le succès avec le succès financier. En réalité, même si on a entendu dire que l'argent ne fait pas le bonheur, on est tout de même convaincu qu'on serait plus heureux avec un peu plus d'argent. On se surprend à rêver du jour où l'on gagnera à la loterie. Ah, ce jour-là tous nos problèmes seront réglés. En fait, nous passons beaucoup de temps à penser à l'argent.

J'ai passé une bonne partie de ma vie à être tout à fait préoccupé par l'argent. J'avais l'impression de ne jamais pouvoir réussir à en gagner suffisamment. Il me semblait que je ne pourrais jamais obtenir une somme d'argent suffisante pour combler tous mes désirs. Et bien, à un certain moment de ma vie, après avoir bien travaillé, j'ai commencé à gagner beaucoup plus que je ne pouvais dépenser, c'est-à-dire que pour la première fois, mes revenus dépassaient largement ma capacité de consommer. J'ai été alors rempli d'un sentiment de calme et de sérénité. Pour la première fois dans ma vie, j'étais libre de ces sentiments de désirs non comblés. À partir de ce moment, j'ai été libéré de cette folie de l'argent et je ne désirais plus acquérir toutes ces choses.

QU'EST-CE QUE J'ATTENDS DE LA VIE

*I*l est parfois intéressant de s'interroger sur les attentes fondamentales qu'on a par rapport à la vie. Je peux me demander qu'est-ce que j'attends de mes relations? Qu'est-ce que je désire réaliser durant mon séjour dans ce monde? Quelles sont mes attentes par rapport à moi-même? En décelant plus clairement mes attentes, je serai en mesure de mieux cerner le genre d'expériences et de relations que je désire vivre et le genre de projets que je veux réaliser. Je pars avec la notion que je peux avoir le genre de vie que je désire vraiment. Il n'est pas nécessaire de fonder sa vie sur une série de compromis.

Aujourd'hui, j'élucide clairement ce que j'attends de la vie. Je sais que je peux fonder le genre de relations qui me convient et avoir un style de vie qui me plaît. Fini les compromis incessants fondés sur la perception que je n'aurai jamais ce que je désire vraiment. Fini cette notion que je dois vivre de façon acceptable. Je peux poursuivre mes rêves et mouler ma vie de la façon qui me semble bonne.

MES RÊVES

*«Les deux pieds sur le sol, on ne peut appren-
dre grand chose sur le saut en chute libre.»*
— Joyce Maynard

*J*e crois que si je n'avais pas de rêves, ma
vie ne serait que routine. Et plus que cela,
si je n'ai pas de rêves, comment vais-je
savoir si je m'approche de mon idéal de vie?
Quelle sera mon inspiration pour continuer et
pour bâtir une vie meilleure?

Aujourd'hui, je nourris mes rêves.
Aujourd'hui, je laisse aller mon imagination et
je vois mon avenir idéalisé se dérouler devant
mes yeux. Cette capacité de créer mes propres
rêves me donne espoir et m'inspire à chaque
jour. Je sais que le plaisir n'est pas dans la
réalisation mais dans la construction et dans le
chemin que je poursuis pour les réaliser.

Rêver implique aussi risquer, car un
rêve qui ne suscite pas l'action, n'est qu'une
illusion. Alors, je travaille tous les jours à
transformer mes rêves en réalité. Pour moi, il
n'y a aucune autre façon de vivre.

Aujourd'hui, je rêve et je cherche à
réaliser mes rêves.

PRENDRE POSITION

*P*our réussir on doit être en mesure de prendre position. Si l'on croit que l'on peut débuter quelque chose et arrêter en cours de route si cela ne nous plaît pas vraiment, on ne se donnera jamais pleinement et on ne réussira pas à atteindre nos objectif. La réussite demande un engagement sans réserve et sans condition. On doit prendre position et dire: *«Je suis ici jusqu'au bout quoi qu'il advienne»*. C'est une question de ténacité sûrement, mais aussi surtout une question d'engagement total et complet. Lorsque je prends position et que je décide d'aller de l'avant, j'envoie un message puissant à travers tout l'univers. Si je me donne la possibilité de reculer ou d'abandonner en cours de route, je lance ce message dans l'univers.

Aujourd'hui, je prends position. Je décide de foncer dans le domaine que j'ai choisi et de donner le maximum. Je n'admets pas la possibilité de remettre en question mon choix en cours de route. Je suis là pour rester quoi qu'il advienne.

LA GÉNÉROSITÉ

Je vois très clairement la valeur de ma générosité dans un monde qui est trop souvent froid, rude et austère. La générosité est une lumière douce qui émane du coeur et qui cherche à éclairer le passage de l'autre. Aujourd'hui, je sais qu'en étant généreux, je ne perdrai rien. Le jeu de la générosité en est un où il n'y a que des gagnants. Comment puis-je espérer réussir si je ne suis pas intéressé à la réussite des autres? Comment puis-je accumuler les fruits du succès et voir les autres vivre dans la misère? Comment puis-je grandir et voir les autres rester petits?

Aujourd'hui, je comprends que l'univers n'est pas un sens unique. Si j'espère gagner, je dois aussi appuyer la victoire des autres. En étant généreux, je remets un peu de ce que j'ai moi-même acquis et je contribue à la réussite des autres.

MA BONTÉ NATURELLE

Maintenant, je laisse paraître ma bonté naturelle. La bonté crée des espaces de joie et de liberté dans ma vie. En étant bon, je m'élève au-delà de la lutte pour la survie ou la simple recherche du succès matériel. Je vis consciemment pour créer un monde où il fait bon vivre.

La bonté n'a rien à voir avec la peur de ne pas être aimé; elle est issue d'un coeur généreux. Je ne démontre pas que je suis bon afin que chacun le sache, je le suis de naissance.

La bonté, l'amour et la générosité sont les instruments dont je me sers pour améliorer mon état d'être fondamental. Ces petits outils de travail n'existent qu'à cause des souffrances et des problèmes multiples auxquels je dois faire face. En réalité, je n'aurais absolument pas besoin de ces outils, puisque ces qualités proviennent de ma bonté fondamentale.

Je suis un être fondamentalement bon et je tends à vouloir faire la bonne chose dans tous les contextes. Je n'ai qu'à m'écouter pour entendre la raison.

FINI LES COMPARAISONS

J'en suis venu à comprendre que le geste de se comparer à autrui ne contribue pas à la réussite personnelle. Je dois parcourir mon propre chemin, faire mes propres choix et vivre mes propres expériences. Surtout, je dois pouvoir prendre le temps nécessaire pour assimiler toutes les étapes de mon trajet. Lorsque je me compare aux autres, j'ai tendance à me poser les mauvaises questions et je peux devenir impatient ou déçu.

Aujourd'hui, je ne me compare plus à d'autres. J'accepte que je suis un individu différent et que je dois poursuivre mes propres objectifs. Je centre mon attention sur mon travail et mes accomplissements et j'oublie ce que font les autres pour être heureux.

LA RÉCOMPENSE D'UN TRAVAIL BIEN FAIT

*A*ujourd'hui, je sais qu'il y a une récompense dans le travail bien fait. Ce n'est pas une question d'argent mais plutôt une question d'honneur et de satisfaction personnelle. Lorsqu'on se donne à la tâche et qu'on cherche à donner le meilleur de nous-même, le plaisir et la satisfaction que l'on retire augmentent.

Aujourd'hui, si je me donne entièrement à mon travail, j'en récolterai toutes les récompenses. Comment puis-je être perdant et malheureux si je fais ce que j'aime et que je le fais bien? Comment puis-je être pauvre et misérable, si je travaille avec la gaieté au coeur et la précision et la qualité à la main?

LA PYRAMIDE DE LA PROSPÉRITÉ

*I*l semble exister trois genres de participants dans le monde des affaires: 1) celui qui vend son travail vivant pour un salaire 2) celui qui vend le travail vivant de ses employés qui est cristallisé dans un produit ou un service 3) celui qui gère la propriété intellectuelle (qui accorde des licences, des brevets, des droits et des permissions pour l'exploitation de certaines idées, formules, concepts, technologies ou méthodes et reçoit des redevances pour l'exploitation de cette propriété intellectuelle). Ceux qui contrôlent le monde aujourd'hui sont ceux qui contrôlent et gèrent la propriété intellectuelle car on vit dans un monde d'idées et non dans un monde d'objets.

Les gens qui vendent leur travail pour un salaire sont limités par le nombre d'heures dans une journée et par le montant d'argent que le marché est disposé à payer pour leur travail. Les gens qui cristallisent et vendent le travail vivant sont plus aptes à devenir prospères mais sont limités par les contraintes matérielles de la production et de la distribution. Les gens qui gèrent la propriété intellectuelle n'ont aucune contrainte car en accordant des droits et des permissions, ils reçoivent des redevances sans faire d'effort ni prendre de risque.

NOTRE GRANDEUR

«Un être humain est un élément du grand tout que nous appelons l'univers, un élément limité dans le temps et dans l'espace. Il perçoit son être, ses idées et ses sentiments comme une chose séparée du reste, une sorte d'illusion d'optique de sa conscience. Cette illusion est notre prison, qui restreint nos désirs et notre affection aux seules personnes qui nous entourent. Notre tâche consiste à nous libérer de cette prison en agrandissant le cercle de notre compassion afin qu'il englobe la totalité des êtres vivants et toute la nature.»

— Albert Einstein

Avec le temps, j'en suis venu à comprendre que je pouvais être bon ou bienveillant et que je ne devais pas avoir peur de me donner, de partager, de faire confiance aux autres. Auparavant, je me disais: «Si je suis bon, ils vont prendre avantage de moi et vouloir en prendre de plus en plus.» Alors, cette attitude est venue limiter ma capacité de donner. Je ne pouvais pas donner librement, que ce soit de l'argent ou des biens matériels, que ce soit mon temps ou mon amour. J'étais réservé même en amour.

Aujourd'hui, ma capacité d'aimer, de donner et de partager est illimitée.

L'INTÉGRITÉ EN AFFAIRES

*P*lusieurs croient que l'intégrité et l'honnêteté en affaires sont tout à fait accessoires. Lorsque la situation le dicte, ils sont prêts à compromettre la qualité, à se moquer du sournoisement client, à frauder l'État en ne déclarant pas les revenus gagnés, etc. Ils travaillent avec la notion de "ce qu'ils ne savent pas ne leur fait pas de tort". Mais la réalité est toute autre. Celui qui n'épouse pas les valeurs d'intégrité et d'honnêteté en affaires ne pourra jamais prospérer. Il sera toujours voué à perpétuer le mensonge et éventuellement l'échec.

Il y a divers facteurs qui contribuent à rendre l'intégrité essentielle en affaires et dans la vie courante. On peut parfois réussir à cacher nos petits crimes pendant un certain temps. Mais au fond de nous, nous savons que nous ne sommes pas totalement intègres. Ce savoir nous limite et nous contraint dans notre action ainsi que dans notre croissance.

Aujourd'hui, je sais que l'honnêteté et l'intégrité sont des valeurs sûres. Ils me guident dans mes comportements et mes attitudes et me mènent, en bout de parcours, vers la tranquillité, la joie et la prospérité.

PORTER ATTENTION AUX AUTRES

«Le plus beau cadeau que l'on puisse offrir à l'autre est une attention profonde à l'égard de son existence.»

— Sue Atchley Ebaugh

Je n'oublie pas que chaque personne qui passe dans ma vie est un être spirituel, une âme qui, pour un temps, traverse mon chemin. Je suis en relation avec des êtres et non avec des corps. Donc, lorsque je suis en communication avec quelqu'un, je dois reconnaître l'être véritable qui est en face de moi.

En sachant cela, je me comporte de façon aimante et respectueuse envers les gens. Je les traite comme de grandes personnes. Je m'adresse à l'être véritable et non pas à la personnalité ou à l'attitude. Je ne me laisse pas marcher sur les pieds, mais je tente d'agir de façon cordiale et aimante envers les gens de toutes nationalités et de tous âges.

Réussir étape par étape

*A*ujourd'hui, je sais qu'avant de courir, je dois apprendre à marcher. Lorsque je veux atteindre un objectif spécifique, je sais que je dois y aller par étape. Une cause fréquente de l'échec en affaires est de tenter d'évoluer trop rapidement et ce faisant, de brûler les étapes. La réussite implique le progrès graduel fondé sur la consolidation. Je dois être en mesure de procéder graduellement, en complétant chaque étape de mon projet, avant de passer à l'étape suivante. La consolidation implique que notre prochaine action repose sur un certain nombre d'acquis et sur la stabilité qui s'installe lorsqu'on a bien complété les étapes préliminaires du projet.

Aujourd'hui, j'évolue vers mes objectifs étape par étape. Je prend le temps de bien consolider chaque niveau de développement avant de passer au prochain niveau. J'entreprends et je complète des projets que je peux réaliser facilement; j'augmente mes capacités et mes ressources avant de passer à des projets plus ambitieux.

LA FORCE ET LA FAIBLESSE

«Grâce à un effet du hasard, un homme peut régner sur le monde pendant quelque temps; mais en vertu de l'amour et de la bonté, il peut régner sur le monde à jamais.»

— Lao-Tzu

*B*eaucoup de gens n'ont pas encore compris que l'on ne peut dominer, contrôler ou asservir les gens en utilisant la force et l'agressivité. Nos sociétés sont de plus en plus violentes et on tente de régler nos différends en utilisant l'intimidation et la violence. La violence sème la violence. La force provoque une réaction de force égale. L'univers est ainsi structuré. Seules la bonté, la douceur et la compassion peuvent faire fondre les murs qui nous séparent.

Je vois maintenant que la bonté est la voie qui mène vers les plus hauts niveaux de conscience et d'action. Je laisse de côté l'intimidation et l'agressivité et j'adopte une attitude fondée sur l'amour et la compassion.

AIMER, APPRENDRE ET GRANDIR

«Nous, qui avons connu les camps de concentration, nous souvenons de ceux qui ont réconforté les leurs, qui ont donné leur dernière bouchée de pain. Peut-être étaient-ils peu nombreux, mais ils ont fourni la preuve que l'on peut tout enlever à un homme, sauf une chose: la dernière des libertés humaines, celle de choisir son attitude, quelles que soient les circonstances, choisir sa voie.»

— Victor Frankl

Je sais maintenant que j'ai entièrement le choix de vivre une vie de grandeur ou de petitesse. J'ai tous les éléments en main pour faire des choix éclairés. Je peux choisir d'être bon, intègre et sincère ou je peux choisir d'être introverti, indifférent ou superficiel. Je peux choisir entre le monde superficiel des apparences ou le monde de la vérité et de la lumière. Je ne suis pas venu ici pour accumuler des biens matériels ni pour honorer mon corps physique. Je suis venu ici pour aimer, apprendre et grandir.

LA LOYAUTÉ

J'accorde ma loyauté avec discernement. La loyauté, cette faculté d'appuyer et d'assumer la responsabilité conjointement avec un copain, un associé, un conjoint ou un groupe, est une qualité fort noble. En étant loyal, on dit: «Quoi qu'il advienne, je serai là à tes côtés, pour te prêter mon aide et mon appui». Je veux être une personne sur laquelle on peut compter même lorsque la situation devient difficile. Lorsque j'ai donné mon allégeance, je ne la retire pas. Mais la loyauté, comme le respect, se mérite. Je suis toujours vigilant et je n'accorde pas trop rapidement ou aveuglément ma loyauté. Je m'assure tout d'abord que la personne (ou le groupe) en question mérite ma loyauté après une période d'observation et d'expériences vécues. Je n'oublie surtout pas que j'ai la possibilité et le droit d'accorder ma loyauté aux personnes et aux groupes de mon choix.

J'IDENTIFIE MES ALLIÉS

J'ai appris à identifier mes alliés. J'analyse le comportement et les attitudes des gens que je côtoie et je choisis d'être avec ceux qui contribuent réellement à mon bien-être. J'ai aussi compris que je devais écarter ceux qui ne cessent de me ralentir et de semer la confusion et le désarroi dans ma vie. Je ne me laisserai pas intimider, je suis un être libre et responsable.

SERVIR AUTRUI

«Aucune joie n'égale celle de servir autrui.»
— Sai Baba

Nous avons, pour la plupart, perdu cette notion de servir autrui. Nous avons en quelque sorte associé le service à l'autre comme une forme d'abaissement et d'asservissement. Nous sommes à l'âge de la libération. Mais cette individualité à outrance nous a plongés dans l'isolement et dans la misère spirituelle. Il n'y a qu'un but valable pour l'être qui vit en société: servir autrui. La vie au service de soi-même est stérile et sans avenue. La vie au service de sa famille, de sa communauté, de son entreprise ou de sa planète, est la seule vie.

Servir ne signifie pas devenir esclave ou inférieur à l'autre. Servir signifie utiliser ses talents et ses ressources au profit du plus grand nombre et pour le plus grand bien. Lorsqu'on sert autrui, on se réalise, on s'étend et on devient un membre à part entière de l'humanité.

LE MARCHÉ DU TRAVAIL

Les entreprises sont toutes à la recherche de personnes capables et compétentes, et souvent, elles seraient prêtes à créer de nouveaux postes pour accueillir des employés désirables. La personne qui recherche un emploi doit pouvoir convaincre le directeur qu'elle peut apporter plus de valeur à l'entreprise en contribuant à sa rentabilité et à sa croissance. Pour convaincre le directeur de cela, elle doit savoir ou pouvoir décoder ce que l'entreprise recherche. Malheureusement, la plupart des gens qui se présentent en entrevue n'ont pas fait leurs devoirs et se contentent de communiquer qu'ils désirent un emploi.

Aujourd'hui, compte tenu des charges liées à l'emploi, on préfère conserver des petites équipes de travail. Plutôt que d'embaucher du nouveau personnel, les entreprises chercheront à encourager le temps supplémentaire. Celui ou celle qui désire faire sa place devra pouvoir convaincre les personnes concernées que son embauche sera une action rentable.

JE PRÉPARE LE TERRAIN

*A*vant de parler d'un sujet difficile ou d'émettre une critique, je prépare le terrain. Je valorise mon rapport avec la personne, ce qui veut dire qu'avant d'aborder un sujet difficile, je lui fait comprendre à quel point notre relation est importante pour moi. Je prends ensuite le temps d'expliquer pourquoi je veux aborder le sujet en question et je n'oublie pas d'accepter que la personne me réponde franchement. En préparant le terrain de la communication, je peux atteindre tous mes objectifs et renforcer mes relations.

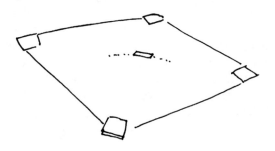

DÉPASSER NOS PREMIÈRES LIMITES

«Nous sommes tous ici pour dépasser nos premières limites, quelles qu'elles soient. Nous sommes ici pour reconnaître notre caractère magnifique et divin, peu importe ce qu'il nous dit.»

— Louise Hay

*U*ne barrière est un obstacle qui nous empêche d'atteindre un objectif ou qui freine notre évolution. La vie comporte toutes sortes de barrières. Mais les barrières les plus redoutables sont celles que l'on s'impose à soi-même. Ces barrières sont difficiles à franchir car on ne les voit pas. Elles sont tellement intégrées à notre façon de penser et de voir les choses, qu'on ne peut les déceler. Tout au long de notre cheminement personnel, nous devons examiner les attitudes, les perceptions et les comportements qui gênent notre progrès. C'est seulement lorsque nous pouvons identifier clairement nos barrières personnelles que nous pouvons nous frayer un chemin vers la sérénité.

LA SCÈNE IDÉALE

«Vous devez accepter la vie comme elle se présente, mais vous devriez essayer de faire en sorte qu'elle se présente comme vous aimeriez qu'elle soit.»

— Ancien proverbe allemand

L a scène idéale, c'est le contexte que je veux créer dans ma vie, c'est un contexte désiré que j'imagine. Lorsque je m'approche de la scène idéale, je le sais, car je l'ai déjà imaginée. Et lorsque je m'éloigne de ma scène idéale, je peux agir pour rectifier la situation. J'utilise donc mon imagination pour inventer ma scène idéale. Peu importe qu'il s'agisse d'argent, de ma relation de couple, de ma famille ou de ma carrière. En imaginant ma scène idéale, je crée une vision claire du futur et je me projette vers l'avant.

Je peux tendre de tout mon coeur vers ma scène idéale. Je peux développer ma vision du futur, développer une conception claire de la vie que je désire. Je peux atteindre cet objectif car je suis en mesure d'écarter les personnes et les choses qui m'éloignent de ma scène idéale.

20 juin

MON PLAN D'ATTAQUE

«Vous avez peut-être des habitudes qui vous affaiblissent. Le secret du changement, c'est de concentrer toute votre énergie non pas à lutter contre le passé, mais à construire l'avenir.»

— Socrate

Aujourd'hui, je m'intéresse à la planification. J'ai compris que pour faire des progrès, je dois me donner des objectifs et des moyens pour les atteindre. Je suis totalement responsable de ma vie et de mon trajet sur terre. Je sais ce qui est bon pour moi et pour ceux que j'aime.

Aujourd'hui, je dresse un plan d'attaque en vue d'atteindre les objectifs qui me sont chers.

① ———————

② ———————

③ ———————

④ ———————

⑤ ———————

⑥ ———————

QUELLES SONT MES ASPIRATIONS?

Aujourd'hui je me souviens de ce que sont mes aspirations. Pendant un long moment, j'avais cessé d'aspirer à atteindre mes buts et à réaliser mes désirs les plus profonds. Il y a eu des moments de découragement, des obstacles qui me semblaient insurmontables, et graduellement, j'ai perdu mes ailes. Mais la force en moi, plus grande que la vie elle-même, a réveillé ces rêves de leur sommeil peu profond.

LES SONDAGES

*A*ujourd'hui, je vois l'importance de bien connaître les attentes et les désirs de ma clientèle alors je suis toujours en train de faire des sondages. Évidemment, je peux utiliser la méthode du sondage officiel en utilisant un questionnaire bien structuré. Mais je peux aussi faire des sondage continuels en posant des questions aux gens qui m'entourent et que je côtoie. Je suis toujours intéressé à ce que pense et comment réagissent les gens à mes produits et services. Les impressions alimentent et orientent mes efforts. Je veux savoir et je veux adapter mes produits ou mes services à leurs besoins.

Aujourd'hui, je m'intéresse aux opinions et aux points de vue des autres. Je veux savoir mais je m'assure de poser les bonnes questions et je demeure calme et objectif par rapport aux réactions que je reçois.

VOIR PROFONDÉMENT

*L*es apparences peuvent être trompeuses. Un échec peut s'avérer une victoire si on sait comment en tirer une leçon. Un rejet peut nous permettre de passer à quelque chose de nouveau. La fin d'une relation intime peut signaler le début d'une nouvelle. Le changement est omniprésent dans nos vies. Nous ne devons pas rester accrochés à telle ou telle situation mais plutôt voir dans la fin de chaque expérience le début d'une nouvelle.

Lorsque j'accueille le cycle naturel de la naissance, de la croissance, du déclin et de la mort, je ne vois pas la mort comme étant une fin mais un début. Lorsque la noirceur a fait disparaître la dernière lueur, peu après, la noirceur doit à son tour céder la place à la lumière. Je ne dois pas craindre la noirceur car elle porte en elle les semences de la lumière.

CHOISIR OU NE PAS CHOISIR

Nous sommes constamment sollicités pour donner, participer, acheter ou vendre. On doit garder à l'esprit que nous avons nos propres projets, nos projets objectifs, nos propres ambitions. Nous sommes entièrement libres de choisir si nous voulons ou non participer à quelque chose.

Je peux dire oui, je peux dire non, je peux dire peut-être, je peux dire que je ne suis pas en mesure de choisir en ce moment. J'ai tout un éventail de possibilités. Et je garde en tête que j'ai mes propres priorités.

Aujourd'hui, je sais que je suis libre de choisir et je peux aussi m'abstenir de faire un choix.

LA SOBRIÉTÉ

*L*a sobriété et la réussite personnelle vont main dans la main. Comment peut-on imaginer, exploiter notre plein potentiel si nous sommes accablés par les drogues ou par l'alcool? Comment peut-on vivre heureux et en harmonie si nous sommes dépendants et que nos sens ainsi que nos émotions sont altérés? Comment peut-on atteindre nos objectifs si nos facultés sont affaiblies?

Aujourd'hui, je vis d'une façon sobre et équilibrée. Aujourd'hui, je choisis de vivre en pleine possession de mes moyens avec toute ma lucidité. Je sais que la joie et la satisfaction personnelle viennent de mes accomplissements. Je sais que si je désire réussir, je dois pouvoir voir les choses clairement et être calme et composé.

CHAQUE INSTANT EST NOUVEAU

*A*ujourd'hui, je sais que chaque instant apporte avec lui de nouvelles possibilités, une nouvelle fenêtre à travers laquelle je peux regarder. À chaque instant de ma vie, je vis pour constater la beauté autour de moi et pour y contribuer à ma façon.

Aujourd'hui je sais que je me renouvelle à chaque instant. Je prends plaisir au fait que tout change. Tout est en perpétuelle mutation. Je ne résisterai pas à ce courant mais je me laisserai emporter tout doucement par le flux de la transformation.

LA VISION DU COMMERÇANT

Le consommateur n'a pas le même point de vue que le manufacturier. Le commerçant ne voit pas les choses de la même façon que le distributeur. Le distributeur n'a pas les mêmes préoccupations que le détaillant. Malgré ces divergences de points de vue, le système d'échange capitaliste fonctionne et tous réussissent à y trouver leur intérêt. L'action commerciale est fondée sur une série de compromis pragmatiques qui mènent à l'élaboration d'une réponse à un besoin ou à un désir. Le commerçant doit savoir faire la part des choses car il est confronté par le droit du consommateur d'acheter ou de ne pas acheter. Il doit pouvoir adopter le point de vue du consommateur et de tous les autres intervenants dans la chaîne de fabrication et de distribution.

Cette merveilleuse capacité de se rendre compte du point de vue et de la réalité des autres participants lui confère le privilège de mener sa propre barque.

LE PRINCIPE DE LA NON-ACTION

Il y a un livre de sagesse très ancien écrit par un philosophe chinois qui se nomme Lao Tsu (vieil homme). Ce livre, vieux de plusieurs milliers d'années, parle du chemin vers la paix et la sérénité. Dans son livre le *Tao Tsi Chin*, Lao Tsu expose les vertus de la non-action. La non-action signifie la capacité d'attendre, d'observer, d'écouter et de découvrir avant d'agir. Chaque événement est mû par sa propre dynamique en rapport avec les lois de l'univers. Parfois, la plus grande erreur que nous pouvons faire est d'agir plutôt que de laisser les choses suivre leur cours. L'être impatient ne prend pas le temps de découvrir, il se précipite à pieds joints dans l'action et vient perturber l'ordre naturel des choses. Il y a là un message important. L'action doit être en harmonie avec la situation et, parfois, ne pas agir et laisser les événements suivre leur cours est préférable.

LE CONSENSUS

«Au poker on doit pouvoir gagner avec une main perdante et perdre avec une main gagnante.»

— Robert Redford

Il y a, au poker, une dynamique qui s'apparente à la dynamique de la vie elle-même. Si l'on mise seulement sur les mains gagnantes, on passe notre temps à attendre que le destin nous offre la main idéale. Mais un joueur habile peut parier et gagner avec une main très faible s'il réussit à convaincre ses adversaires qu'il a une main gagnante.

Nos succès résultent de notre capacité de convaincre autrui qu'on sera victorieux. On doit pouvoir susciter l'accord de notre entourage si on veut atteindre nos objectifs. Il n'est pas question de supercherie mais de confiance en notre capacité de susciter un consensus sur la valeur du projet qu'on désire accomplir. Lorsque tous sont d'accord qu'on réussira, on réussit.

PERSISTER

*A*ujourd'hui, je sais que nul peut nier la persistance. Ce qui persiste est vrai et fort et suscite la reconnaissance. Ce qui persiste se taille une place dans le monde. Ce qui persiste est appelé à persister.

Je vois que malgré toutes les difficultés et toutes les embûches, je persisterai. Et qu'à la longue, ma persistance sera récompensée par la reconnaissance et par le respect. Nous oublions ce qui est éphémère mais ce qui persiste reste toujours présent dans nos vies. Alors, aujourd'hui, je choisi de persister.

LES GRANDES VICTOIRES

Sur le chemin de la réussite, il se trouve de petites victoires quotidiennes et de grandes victoires. Les grandes victoires sont définies par une expansion rapide de l'activité, l'abondance des produits et un plus haut niveau de survie de l'entreprise. La grande victoire se manifeste quand on constate un changement important dans la nature de l'expansion. Par exemple, lorsque les locaux dans lesquels on oeuvre depuis cinq ans ne comblent plus nos besoins d'espace, compte tenu de l'augmentation de la production; après plusieurs années d'investissement dans notre petite entreprise, on peut finalement se prendre un salaire convenable sans mettre en danger la compagnie; on peut s'absenter du bureau pendant trois semaines et l'entreprise poursuit son développement sans problème. Ce sont de grandes victoires car elles correspondent à l'atteinte d'un nouveau stade de développement.

Aujourd'hui, je prépare le terrain pour les grandes victoires. Je cherche à augmenter ma production et à améliorer mon service. Je cherche à développer de nouveaux clients tout en consolidant mes acquis.

2 juillet

LES RICHESSES DE LA MATURITÉ

«Aujourd'hui, je verrai d'un œil favorable le vieillissement et les richesses qu'il apporte. Au même titre que j'estime les richesses de l'enfant en moi, j'accorde de la valeur à ce que m'apportera le fait d'avancer en âge.»

Rokelle Lerner

L e corps physique vieillit. Je ne peux pas lutter contre cette vérité. Mais, je suis un esprit qui demeure jeune, expansif et dynamique. Alors, je ne suis pas trop préoccupé par ce phénomène du vieillissement. Je centre mon attention et mon énergie sur ma vraie nature et sur ma vraie valeur.

La réussite personnelle ne dépend pas de l'âge mais de l'enthousiasme et du désir. Je ne mettrai pas fin à mes projets ni ne laisserai tomber mes ambitions parce que je prends de l'âge. Bien au contraire, j'utiliserai la sagesse et l'expérience gagnées pour me guider sur mon chemin.

MA SAGESSE FONDAMENTALE

*I*l se trouve une vérité qui est bien camouflée par l'apparence des choses et par l'organisation actuelle de nos sociétés modernes qui accordent toute l'importance aux choses concrètes et au corps et qui minimisent l'importance de l'être spirituel: l'ultime valeur et l'importance de notre sagesse profonde et de notre vie spirituelle.

Au cours de notre vie, on reçoit des conseils, des vérités et des idées de toutes sortes. Je suis à l'écoute des autres mais je sais que je dois surtout être à l'écoute de ma propre sagesse et de mes propres idéaux. Plus je développe cette capacité de m'écouter, plus je suis fidèle à moi-même et plus je suis en harmonie avec ma sagesse innée.

Aujourd'hui, je suis à l'écoute de ma propre sagesse. En étant à l'écoute de moi-même, je favorise je développement de ma vie spirituelle.

ÊTRE AU SERVICE D'AUTRUI

«La vie nous apprend que tout ce qui vaut vraiment la peine d'être fait est ce que nous faisons au service d'autrui.»
— Lewis Carroll

Aujourd'hui, je suis au service d'autrui. Je vois que la vie est plus remplie et plus riche lorsque je me donne et que je suis disposé à rendre service aux autres. Je ne suis pas venu ici pour moi seulement mais pour contribuer au bonheur des autres. Lorsque j'aide quelqu'un je remplis ma mission divine. Lorsque je rends service à autrui, j'avance sur le chemin du bonheur et de la sérénité.

La réussite est fondée sur l'échange. Lorsque je donne en abondance, je sais que j'ouvre la porte à l'abondance dans ma propre vie. Si je tente de retenir, de tout garder pour moi-même, je crée un environnement stérile dans lequel aucune vie, aucun amour, aucun échange ne peut se manifester. Lorsque je suis disposé à donner, je m'ouvre à toutes les possibilités.

LA NÉGOCIATION

«Pour se rendre à la terre promise on doit pouvoir négocier un chemin à travers la jungle.»

— Herb Cohen

*E*ntre mes rêves et la réalisation de mes rêves, il existe tout un monde. Dans ce monde réside les solutions, les embûches, les ressources, les barrières et toutes les autres choses qui entreront en genèse dans la réalisation matérielle de mon rêve. Nous devons résider dans ce monde de transmutation et tous les jours chercher à en tirer profit. Je suis un être spirituel qui vit dans un monde matériel. Alors, je dois composer avec moi-même, mes rêves et ma nature, avec les autres et le monde des choses matérielles. Je dois assurer la permanence de mes idées et la matérialisation de mes rêves. Tout un contrat!

En sachant que tout peut être négocié, je pars avec le principe que je peux atteindre mes objectifs en étant en communication, en trouvant des solutions qui sont mutuellement satisfaisantes, en obtenant l'aide des autres en échangeant. La négociation n'est pas un compromis. La négociation, c'est l'action d'inclure les autres dans mon processus de réalisation. La négociation, c'est l'art de servir les autres en réalisant ses propres objectifs.

UN MOMENT POUR CHANGER UNE VIE

«Il y a des personnes qui marquent nos vies, même si cela ne dure qu'un moment. Et nous ne sommes plus les mêmes. Le temps n'a pas d'importance mais certains moments en ont pour toujours.»

— Fern Bork

En faisant la rétrospective de ma vie, je me suis rendu compte que certaines décisions, certaines rencontres et certains événements avaient été tout à fait déterminants dans mon évolution personnelle. Ces moments cruciaux sont venus transformer profondément le cours de ma vie. Quelques moments peuvent changer toute une vie! Quelques instants peuvent tout transformer à jamais! Ces moments si précieux et si rares se présentent ou sont créés par nous et se situent au carrefour de notre vie. Aujourd'hui ou demain, un de ces merveilleux moments pourrait se présenter dans ma vie. Et je me trouverais face à une décision importante qui marquerait mon existence jusqu'à la fin de mes jours.

7 juillet

AFFRONTER LES MONSTRES DE LA PEUR

«Robert Frost a dit: «Le meilleur moyen de se sortir d'une mauvaise situation, c'est de passer au travers». Cela est d'autant plus juste lorsqu'il s'agit de nos peurs. Car en réalité, la seule façon d'échapper à nos peurs est de les confronter. Qui s'enfuit devant la peur finit par se laisser rattraper par elle. Les peurs dont nous n'avons pas triomphé embrouillent notre vision, si bien que nous distinguons à peine l'éventail de possibilités qui s'offrent à nous. La peur est également un aimant qui attire vers nous ce que nous craignons.»

— Sue Patton Thoele

Alors me voici, ici et maintenant, avec tout mon bagage: mes expériences passées, mes craintes, mes désirs, mes «j'aurais voulu» et mes «j'aurais dû», mes forces et mes faiblesses. Et au delà de tout cela, je sais que j'ai encore des choses à vivre, des choses à accomplir, des choses à voir.

Aujourd'hui, je me prends par la main et je vais de l'avant. Oui, j'ai connu des moments difficiles, des échecs et des contre-temps, mais à présent, je suis plus sage et je veux continuer à vivre et à grandir. Je prends mon courage à deux mains et j'affronte la route devant moi.

LA CRITIQUE

«Au lieu de condamner les gens, essayons plutôt de les comprendre. Essayons de comprendre pourquoi il font les choses qu'ils font. Cela s'avère beaucoup plus profitable et intriguant que la critique et génère beaucoup plus de sympathie, de tolérance et de bienveillance.»

— Dale Carnegie

Dans ma vie de tous les jours, je rencontre toutes sortes de situations inusitées. Je m'interroge souvent sur les motifs et les comportements des gens. Parfois, quelqu'un dans mon entourage fait une chose qui me déplaît énormément, vient réduire mon efficacité et semble m'éloigner de mes objectifs. Intérieurement, je peux réagir avec colère ou émotion mais je me donne toujours un délai avant de discuter avec cette personne. Je sais que la critique virulente ne mène à rien.

Je me suis rendu compte que la plupart du temps la personne qui m'avait causé un tort croyait faire la bonne chose. C'est en dialoguant, en échangeant avec les gens, que nous allons pouvoir établir des liens durables d'entraide. La critique générée par la colère et l'émotion est toujours moins efficace que le dialogue constructif.

RECONNAÎTRE NOTRE EXCELLENCE

«Les personnes qui se critiquent constamment voient surgir leurs erreurs avec un verre grossissant, alors que leurs réussites restent à l'arrière-plan. Elles regardent leurs faiblesses réelles ou présumées avec une lunette d'approche et ne considèrent leurs atouts et leurs réussites qu'avec l'extrémité réductrice du verre. Les erreurs sont donc exagérément grossies, tandis que les bons coups sont rendus microscopiques.»

— Sue Patton Theole

Aujourd'hui, je me félicite pour mes bons coups. Je cesse de me flageller pour les erreurs que j'ai commises et je prends le temps de voir que j'ai connu beaucoup plus de succès que d'échecs. J'accomplis des bonnes choses à tous les jours et je suis une personne compétente. Alors, je me félicite et je reconnais ma propre excellence.

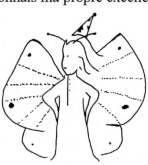

LES ATTRIBUTS DU LEADER

Quels sont les attributs du leader? Selon Napoleon Hill, auteur célèbre, un leader possède les qualités suivantes: il est courageux; il a une bonne maîtrise de soi; il possède un bon sens de la justice; il est décisif; il est généreux; sa personnalité est agréable; il porte attention aux détails, il assume pleinement ses responsabilités et il sait collaborer.

Un leader sait prendre des initiatives. Il amorce de nouveaux projets et propose de nouvelles solutions. Il est un homme ou une femme d'action et ne craint pas de prendre des risques calculés. Un leader n'a pas besoin, initialement, de l'accord des autres pour démarrer un projet; il sait développer un accord et un plan d'action autour de celui-ci. Il sait s'entourer de gens fiables et compétents et il sait comment susciter chez eux l'enthousiasme. Un leader est un guerrier, finement entraîné dans l'art et la stratégie de la guerre. C'est un habile négociateur car il sait que tout se négocie et que dans la négociation tous peuvent être gagnants.

LE POUVOIR DE NOS CONVICTIONS

*L*a réussite personnelle exige une forme d'entêtement. On doit croire dans les principes et les valeurs qui guident nos décisions et notre évolution. On doit être persuadé que la route choisie est la bonne pour nous. On doit refuser de reculer devant les barrières et les embûches que l'on rencontre tout au long de notre parcours. On doit être tout à fait convaincu d'avoir raison de suivre tel ou tel cheminement.

Aujourd'hui, j'ai le pouvoir de mes convictions. Je suis inébranlable et sûr de moi. Je crois à la mission que je me suis donnée et je ne me laisserai pas distraire ou confondre. Oui, avec le pouvoir de mes convictions, vient l'audace de la création et du défi. Oui, avec le pouvoir de mes convictions, vient une longue route que je dois parcourir, pour mon propre bien et pour ma propre réussite.

12 juillet

L'ATTITUDE D'UN GAGNANT

«Le succès n'est pas au bout du chemin. Il est dans ta démarche même.»
— François Garagnon

Aujourd'hui, je me donne l'attitude du gagnant. Je pars en sachant que je vais réussir. Chaque embûche et chaque barrière sur mon chemin servira à me renforcer. Je mérite de réussir et j'avance avec le désir de mordre dans la vie.

Aujourd'hui, m'appartient!

«Ce que l'homme peut concevoir et en quoi il peut croire, il peut le réaliser.»

— Napoleon Hill

L'action n'est pas garante du succès. Il existe une toile de fond idéelle à la réussite. La réussite débute dans notre pensée et dans nos attitudes. J'utilise mon imagination. J'utilise ma capacité de rêver pour alimenter et pour inspirer mon action. À chaque jour, j'ai de nouvelles idées, de nouvelles stratégies, de nouveaux plans pour progresser et pour atteindre mes objectifs de croissance. La plupart de mes idées ne seront jamais matérialisées. Mais certaines me mèneront plus haut et plus loin.

Je teste mes idées dans le monde matériel, parfois en posant des questions, parfois en posant des gestes. Je sais que mon imagination me mène au succès car elle me permet d'inventer et de créer.

Aujourd'hui, je laisse libre cours à mon imagination car je sais qu'elle est la clef de mon succès.

14 juillet

SE SENTIR BIEN DANS SA PEAU

«Les gens qui se sentent bien dans leur peau produisent de bons résultats.»
— K. Blanchard et S. Johnson

Aujourd'hui, je sais que je produis de meilleurs résultats quand je me sens bien dans ma peau. Pour me sentir bien je dois bien m'alimenter, faire de l'exercice physique, m'octroyer suffisamment de repos et prendre le temps de faire des activités ludiques. Je dois aussi savoir comment me récompenser pour une journée de travail bien fait. Je dois pouvoir reconnaître et souligner mes accomplissements.

Lorsque quelqu'un me fait un compliment, je l'accepte. Oui, je suis une personne digne d'être aimée et appréciée. Oui, je suis une personne de grande valeur. Oui, je peux me sentir bien car je cherche, dans tous mes rapports, à faire la bonne chose.

REGARDER NOTRE PERFORMANCE

«Prenez une minute: regardez vos objectifs. Regardez vos performances. Déterminez si vos comportements correspondent à vos objectifs.»

— K. Blanchard et S. Johnson

Je me suis rendu compte qu'il ne suffit pas simplement d'établir mes objectifs. Je dois aller encore plus loin. Je dois pouvoir imaginer la scène lorsque mes objectifs seront atteints. Ensuite, je dois pouvoir analyser mes performances en regard de mes objectifs. Est-ce qu'en faisant telle ou telle chose, je me rapproche ou je m'éloigne de mes objectifs? Suis-je efficace? Comment puis-je avancer plus rapidement et efficacement vers mes objectifs. Je dois mettre sur pied un système de rétroaction entre mes objectifs et mes performances de tous les jours. De cette façon, je suis en mesure d'ajuster mon action au fur et à mesure que j'évolue vers mes objectifs.

LE POUVOIR DE L'APPRÉCIATION

«Aidez les gens à atteindre leur plein potentiel. Surprenez-les à faire quelque chose correctement.»

— K. Blanchard et S. Johnson

Je n'oublie pas que pour être un bon gestionnaire, je dois pouvoir bien travailler avec les autres. Je dois savoir susciter la collaboration des membres de mon équipe. Les gens ne travaillent pas simplement pour gagner leur vie mais pour se réaliser et atteindre leur plein potentiel. Je veux être un bon gestionnaire et aider les autres à atteindre leurs propres objectifs. Pour cela, je les encourage et les complimente pour le travail bien fait. Tous les gens désirent savoir qu'ils ont fait quelque chose de bien. Ils désirent vivement être reconnus et appréciés.

Alors aujourd'hui, je prends le temps de dire aux gens autour de moi comment j'apprécie leurs contributions ainsi que leur présence.

LE POINT DE VUE DE L'AUTRE

«S'il existe un secret à la réussite, il réside dans la capacité de cerner le point de vue de l'autre personne et de pouvoir voir les choses sous cet angle en plus de notre propre point de vue.»

— Henry Ford

Chaque personne a ses propres préoccupations et ses propres désirs. Si je m'obstine à vouloir persuader les gens à voir les choses à ma façon, afin de combler mes propres impératifs, je serai vivement déçu. Je dois pouvoir cerner ce que l'autre veut et la façon dont il voit les choses. J'obtiendrai l'appui de l'autre lorsque je serai en mesure de l'aider à réaliser ses propres objectifs.

Aujourd'hui, je sais que si je veux vendre un produit ou un service à quelqu'un, je devrai être en mesure de combler ses besoins et ses désirs. Je dois pouvoir entendre clairement ses objections et ses préoccupations si je veux être en mesure de le persuader.

SE RÉAPPROPRIER L'EXCELLENCE

«Nous avons souvent du mal à passer outre aux notions erronées que nous entretenons à propos de nous-mêmes, à tel point que nous ne voyons pas notre excellence.»
— Sue Patton Thoele

Les gens qui tendent vers l'excellence ne manquent jamais de travail. Ils sont recherchés car ils savent se donner entièrement à leur travail pour livrer un produit ou un service de grande qualité. Lorsque je prends l'engagement envers l'excellence, j'apporte une nouvelle intensité à mon travail et je monte de niveau.

Aujourd'hui, je décide que l'excellence est mon propre seuil minimum. Je me donne entièrement à la tâche et je refuse de compromettre sur la qualité de mon produit. Je choisis l'excellence car en faisant ainsi j'exploite ce qu'il y a de beau et de grand en moi.

UNE DÉCISION POUR TOUT CHANGER

«Réussir, c'est d'abord posséder intimement en soi le sentiment irréductible que l'on va réussir. Le contexte du dehors importe peu pour qui possède l'inexorable force du dedans.»

— François Garagnon

Je sais qu'une décision peut tout changer. À partir du moment où l'on décide de commencer une nouvelle vie, de baser notre vie et notre évolution sur de nouveaux principes, tout peut changer. La réussite ne dépend pas du contexte dans lequel on évolue ou des conditions matérielles de notre existence; elle dépend plutôt de notre force de caractère et de notre persistance. Dès le moment où l'on décide de mettre fin à la souffrance, à l'endettement et à l'incertitude, tout doit changer.

Évidemment, si notre engagement fondamental est de demeurer démuni ou de vivoter afin de confirmer nos croyances, une décision spontanée ne peut rien changer. Mais si nous sommes vraiment déterminés à atteindre nos objectifs, absolument rien ni personne ne pourra nous en empêcher.

Aujourd'hui je décide que je peux avoir exactement la vie que je désire.

LES IMPÔTS

*A*ujourd'hui, les gens se plaignent qu'ils payent trop d'impôts. Et on a parfois l'impression que le passe-temps national est de tenter de payer le moins d'impôts possible. Tous semblent d'accord à dire qu'il y a un problème et que le niveau d'imposition actuel constitue un découragement au travail, à l'emploi et à l'investissement. J'ai été en mesure de vivre en harmonie avec cette situation en faisant deux choses: 1) Je retiens les services d'une firme de vérificateurs honnêtes et compétents qui m'aident avec ma planification fiscale et 2) je paye mes impôts religieusement. De cette façon, je centre mes énergies sur la production et le développement de mes activités et je dors tranquille la nuit.

Aujourd'hui, j'accepte qu'il y a un coût social à faire des affaires. Je ne résiste pas à cette réalité. Je veux travailler avec l'esprit libre donc je joue selon les règles du jeu.

LE SENTIMENT DE LA RÉUSSITE

*L*e sentiment que j'associe de plus près à la réussite est la fierté. La fierté d'avoir fait une bonne journée de travail. La fierté d'avoir créé quelque chose de beau, quelque chose de nouveau. La fierté de faire partie d'une belle équipe. La fierté d'être un bon parent. La fierté d'atteindre de bons résultats. La fierté d'avoir développé de bonnes relations. Pour moi, la fierté signale que j'ai fait quelque chose de bien qui contribue non seulement à mon bonheur mais au bonheur des autres.

Aujourd'hui, je suis fier de moi. Je suis fier de la personne que je suis et de celle que je suis en voie de devenir. Je suis fier de tous mes petits et grands accomplissements. Je suis fier d'être un bon citoyen, un bon parent et un bon enfant. Je suis fier d'être ton ami et de te parler franchement de mon amour pour toi.

LES FEMMES EN AFFAIRES

Nous avons généralement bien résisté à l'entrée des femmes dans le monde des affaires. La résistance est venue de plusieurs fronts à la fois: les systèmes bancaires, les gouvernements, les fournisseurs, les employés. Mais nous avons fait d'énormes progrès au cours des dix dernières années. Nous voyons maintenant que les entreprises gérées par les femmes sont généralement mieux gérées, plus rentables et plus permanentes. Les femmes méritent leur position au sein du monde du travail car elles sont prêtes à se donner entièrement. Elles croient à la qualité et à la gestion saine et efficace. Elles peuvent oeuvrer et réussir dans des contextes difficiles car elles refusent de céder. Elles refusent d'accepter la défaite et sont prêtes à faire les compromis nécessaires pour assurer la survie de l'entreprise. Elles ont aussi un grand sens des responsabilités, du partage et de l'effort collectif.

On doit encourager les femmes à se lancer en affaires et les encourager dans leur développement. La présence des femmes dans le milieu des affaires rehausse le niveau d'éthique et contribue au plus grand bien de nos sociétés.

LA VIE FAMILIALE

*L*orsqu'on analyse la question de la réussite personnelle, il est impossible de négliger la vie familiale. Nos familles ont subi d'énormes transformations au cours des deux dernières décennies. Nous vivons aujourd'hui souvent les effets de la fragmentation de la famille. Néanmoins, la famille demeure une source principale de joie, de sécurité, d'appartenance et de stabilité affective. Au sein de la famille, on apprend à partager, à aimer, à prendre ses responsabilités et à prendre plaisir en la compagnie de l'autre.

Aujourd'hui, je vois que la vie familiale fait partie de mon sens des valeurs. Je cherche à renforcer et à alimenter mes liens avec les membres de ma famille. Je suis disposé à venir en aide, à réconforter et à choyer les membres de ma famille. Je sais que seul, la vie n'a pas tellement de sens. Alors, je cherche à fonder des liens familiaux sains, aimants et durables.

IL Y A TOUJOURS UNE SOLUTION

Il faut savoir revenir à la simplicité des choses, un peu comme un retour aux sources. C'est quand on cherche à se compliquer l'existence qu'elle finit par devenir un problème. Si j'ai une dispute avec un collègue ou un ami, j'attends que la colère passe et je vais m'expliquer franchement, en étant disposé à admettre mes torts. Si mes enfants ont de mauvais résultats à l'école, je passe plus de temps avec eux pour les aider à trouver ce qu'ils ne comprennent pas. Si un collègue ou une connaissance me fait la tête, je vais le voir pour lui demander ce qui ne va pas. Bref, il y a toujours une manière simple de vivre sa vie et d'agir.

FAIRE LA PAUSE

Quelquefois, j'ai besoin d'une plus longue pause. Alors, comme je suis sportif, je vais courir ou jouer une partie de tennis, ou je fais n'importe quelle autre activité physique qui va me permettre de sortir de la routine ou d'oublier les questions qui me tracassent. Très souvent, lorsque je reviens de ce genre d'escapade, les choses semblent plus claires et il arrive même que des solutions se présentent à mon esprit, comme par magie. Il existe probablement mille et une façons de se rendre la vie plus facile, plus simple. C'est à chacun d'y réfléchir et de trouver les moyens qui conviennent. On doit avant tout remettre sa routine en question, sans nécessairement tout bouleverser.

LES APPARENCES PEUVENT ÊTRE TROMPEUSES

Nos sociétés de consommation nous invitent à consommer. Elles prétendent que le bonheur et le succès augmentent avec l'achat et la possession de biens matériels. Nos maisons, nos logements et nos entreprises sont remplis de toutes sortes de biens de consommation qui, en fait, ne contribuent en rien à notre bonheur ou à notre réussite. Toute cette structure d'achat à crédit ne fait que nous rendre vulnérables à l'échec financier et au vol. Je m'éloigne de plus en plus de cette notion que je dois signaler ma réussite en donnant l'apparence de richesse et de bien-être. Je deviens de plus en plus un consommateur averti et utilitaire qui se limite à acheter l'essentiel.

Je ne suis pas grippe-sous. Je fais partie de ce groupe de gens qui savent de plus en plus que le matérialisme a fait son temps et que la surconsommation en vient à réduire la qualité de vie. Je suis intéressé à mes rapports avec les gens. Je prends plaisir à travailler et à créer. Pour moi, la réussite est synonyme de liberté de choix et d'autonomie.

LE TÉLÉPHONE COMME OUTIL DE TRAVAIL

*L*a téléphonie moderne a pris son envol. Et avec elle, se sont envolés nos sous si durement gagné. Aujourd'hui, je me rends compte que le téléphone est un outil de travail. Je surveille ma consommation de services téléphoniques car je vois que mes sous s'envolent rapidement lorsque je me laisse aller à des conversations oisives au téléphone. Les programmes de réduction des frais interurbains ou outremers, les téléphones cellulaires, les renvois d'appel, les service d'assistance téléphonique et les lignes de conversation téléphonique contribuent, sans exception, à augmenter nos dépenses sans pour autant augmenter notre satisfaction ou notre efficacité réelle.

LE PROFIL DES GENS RICHES

*J*e crois qu'il n'est pas nécessaire de devenir grippe-sous pour devenir riche. Les gens riches semblent partager certaines caractéristiques: ils posent les bonnes questions; ils sont généralement patients et savent attendre une occasion; avant de faire un pas, ils récoltent autant d'informations que possible; ils savent travailler intelligemment; ils savent économiser et créer des réserves.

Pourquoi rêver d'être riche un jour suite à un concours de circonstances? Je peux me comporter de façon à maximiser mes efforts. Je peux poser les bonnes questions. Je peux être patient et agir lorsque l'occasion se présente. Je n'ai pas peur du travail et je peux me discipliner pour faire des économies. Je peux développer des réflexes et des comportements qui favorisent l'accumulation de richesses.

LA RÉUSSITE N'EST PAS ACCIDENTELLE

Les économistes, les banquiers et les comptables ont quelque chose en commun. Ils savent généralement reconnaître une bonne affaire. Ils peuvent voir, en analysant les chiffres, que l'entreprise dégage des bénéfices et prospère d'une année à l'autre. Cette prospérité n'est jamais accidentelle. Elle résulte d'un effort conscient et d'actions spécifiques menant à l'augmentation des ventes et à la réalisation de bénéfices (profits).

Toute personne qui désire réussir en affaires doit développer une connaissance fondamentale des facteurs qui contribuent à la croissance et à la saine gestion des entreprises. Il existe des principes et des formes d'analyse qui favorisent la survie et la croissance des entreprises. On peut être intuitif jusqu'à un certain point, ensuite on doit établir un système d'analyse statistique, surveiller les marges, appliquer des ratios. Tous ces outils nous aideront dans la réalisation de nos objectifs.

LA CROISSANCE

*A*ujourd'hui, je vois que la croissance est le plus beau jeu. J'ai mis sur pied une petite affaire et ensuite, j'ai travaillé pour la faire grandir. Je me suis rapidement rendu compte que je devais analyser mon progrès, alors j'ai mis sur pied un système d'analyse statistique. J'analyse la croissance ou la décroissance de mon volume d'affaires. Je cherche constamment à faire grandir mon affaire, à servir plus de clients, à offrir de meilleurs services, à améliorer ma production et mon produit. Lorsque je fais quelque chose qui fait augmenter les ventes, je poursuis cette action et je l'amplifie. Lorsque je fais quelque chose qui fait diminuer les ventes, je mets fin à cette action.

Aujourd'hui, je vois que l'analyse statistique est essentielle à la réussite. Comment pourrais-je constater mon progrès sans faire l'analyse statistique de ma situation, de ma productivité?

IL Y A TOUJOURS UNE SOLUTION

*A*ujourd'hui, je sais qu'il y a toujours une solution à un problème. La plupart du temps, avec un peu de recul, le dialogue et une analyse sommaire de la situation me permettent d'identifier la bonne solution. À d'autres moments, je dois confronter un problème de taille qui menace plus sérieusement le bon fonctionnement de mon entreprise. J'ai décidé que j'aime particulièrement ces gros problèmes car ils me permettent de me dépasser et d'utiliser mon plein potentiel. Les gros problèmes me testent et m'invitent à dépasser mes limites et mes considérations habituelles.

Aujourd'hui, j'accueille tous les problèmes car je sais qu'il y a toujours une solution. Je fais face aux problèmes avec joie car je sais que de cette façon j'exerce mon plein potentiel, mon imagination et ma créativité. De façon ultime, je sais que je suis plus grand que n'importe quel problème auquel j'aurai à faire face.

LA PLUS GRANDE RÉCOMPENSE

«Dites aux gens à quel point vous vous sentez bien lorsqu'ils ont fait correctement leur travail et comment cela aide à l'organisation et aux autres personnes qui travaillent avec eux.»

— K. Blanchard et S. Johnson

Tout se passe comme si cela allait de soi. On offre un salaire et des avantages et on a l'impression que cela doit suffire. Mais la plus grande récompense d'un employé n'est pas son salaire, ses avantages sociaux ou le prestige qu'il ressent à travailler au sein de l'entreprise. La plus grande récompense vient d'être apprécié par ses collègues et ses supérieurs. Voilà ce qu'on oublie trop souvent de faire: reconnaître de vive voix et sincèrement à quel point on apprécie nos employés ou nos collègues de travail.

Aujourd'hui, je prends le temps de complimenter, de souligner mon appréciation et d'encourager mes collègues, mes employés et mes fournisseurs.

VOLER À HAUTE ALTITUDE

«Nous avons le choix entre voler à haute altitude, dans une atmosphère d'optimisme, d'enthousiasme et de fébrilité, ou passer notre temps à nous morfondre au ras des pâquerettes. Les attitudes que nous adoptons reflètent-elles la pureté de l'atmosphère ou sont-elles congestionnées par la saleté de l'air de la rue? Chacune est libre d'adopter sa propre vision des choses. Si nous n'aimons pas ce que nous voyons, nous avons le courage et l'habileté d'en changer.»

— Sue Patton Thoele

Lorsque l'individu écoute l'appel de son être supérieur, il accède à un niveau de savoir et de conscience plus élevé. Il puise aux sources du discernement, faculté propre au domaine subtil de l'esprit. Il peut connaître le monde au-delà des apparences et tendre vers des buts plus grands. L'être supérieur triomphe toujours car il exploite les vertus du coeur, la bienveillance, la bonté, la compassion et peut atteindre ses buts avec l'approbation de l'univers.

Aujourd'hui, je choisis de parcourir la haute route. J'emploie mes facultés de discernement et de compassion ainsi que mon désir d'atteindre l'excellence, pour me guider et me propulser vers l'avant.

ÊTRE DANS LE BON DOMAINE

*C*haque personne peut trouver un domaine d'activité qui lui convient. Chaque personne possède des talents et des habiletés qui la rend apte à exercer une fonction valorisante en société. Chaque personne a sa place et chaque personne a le droit de faire sa part pour rendre la société meilleure.

Aujourd'hui, je reconnais que moi aussi j'ai le droit de prendre ma place dans la société. Je mérite de prendre ma place parmi ceux qui réussissent et qui contribuent, de par leurs activités, au bien-être et à la croissance de la communauté. Je suis un membre à part entière de la société et je réclame mon droit à l'emploi, à la dignité et à la prospérité.

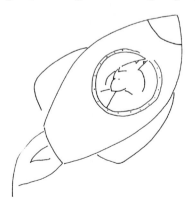

LA MODÉRATION DANS TOUS LES PLAISIRS

«La parfaite raison fuit toute extrémité et veut que l'on soit sage avec sobriété.»

— Molière

C'est plutôt difficile de parler de tempérance sans risquer de verser dans la morale. Pourtant, ceux qui souffrent aujourd'hui de leurs excès d'hier ne peuvent que s'en vouloir. C'est si facile d'abuser des bonnes choses, que l'on peut se retrouver piégé, sans même s'en rendre compte. Nous devenons alors victimes de nos propres abus. La tempérance est donc cette vertu qui sonne l'alarme dès que l'on dépasse la mesure.

Notre époque moderne avait plus ou moins laissé tomber cette vertu. Les idées révolutionnaires des années soixante ont balayé toutes les retenues, entraînant beaucoup de débordements. Mais nous sommes sur la voie de retour vers des valeurs plus saines, dont la tempérance. De plus en plus de gens se rendent compte que l'on profite bien mieux et plus longtemps des plaisirs de la vie en étant modéré. De gros efforts sont d'ailleurs fait dans plusieurs domaines pour éduquer et convaincre la population. Et je pense que tout le monde ne s'en porte que mieux. Santé, meilleure qualité de vie et réussite personnelle en sont les récompenses.

LA RÉUSSITE DOIT ÊTRE FONDÉE SUR LE RESPECT MUTUEL

*L*a compétition peut être une chose très saine. En ayant des concurrents, on est continuellement obligé de se dépasser et de voir comment on peut s'améliorer pour conserver sa place et progresser. L'objectif en lui-même est sain et profite à tous les participants, incluant le consommateur. Nous avons tous pu constater que l'absence de concurrence dans les pays de l'Est a engendré des pénuries, des produits de piètre qualité, l'appauvrissement inévitable et l'éclatement total du système. Ceux qui luttent pour restreindre la concurrence dans les marchés ont une idée tout à fait erronée des choses.

Aujourd'hui, je vois que la réussite doit être fondée sur la concurrence et le respect de la concurrence. En respectant le concurrent, je me tiens toujours éveillé et actif. Je ne laisse pas l'herbe pousser sous mes pieds. J'analyse les actions et les produits de mes concurrents et j'essaie de voir comment je pourrais améliorer d'avantage mon activité.

NOUS NE POUVONS PAS TOUJOURS ÉVITER LE CONFLIT

*A*ujourd'hui, je sais qu'il n'est pas toujours possible d'éviter le conflit. Parfois, mon intérêt ou mon intention entre en conflit avec l'intérêt ou l'intention d'un autre. Je sais que la majorité des conflits peuvent être réglés à l'amiable suite au dialogue et à la négociation. Je ne fuis pas le conflit mais je ne le cherche pas non plus. Lorsque je constate qu'une action peut susciter de vives réactions négatives, je cherche à trouver une nouvelle approche.

Il n'est pas nécessaire de vivre dans le conflit et le désaccord. Je peux éviter la plupart des conflits en étant prévoyant et souple. Aujourd'hui, je sais évoluer sans provoquer des conflits inutiles. Lorsqu'un conflit se présente, je suis suffisamment souple pour trouver une solution gagnante qui me permettra de poursuivre mon ascension.

CHACUN DOIT SAVOIR QU'IL EST IMPORTANT

Nous n'apprenons pas forcément sur les bancs d'école que nous devons nous intéresser aux autres. Cependant, l'intérêt sincère que l'on porte envers les autre peut souvent être déterminant. Chacun est préoccupé par son propre sort et est surtout conscient de ses propres besoins. Si je veux réussir, je dois m'intéresser à l'autre. Je dois pouvoir regarder la situation de son point de vue. Je dois pouvoir démontrer que je suis sincèrement intéressé à lui, à ses besoins et à la satisfaction de ses besoins.

Lorsque je rencontre une personne, j'approfondis ma relation en lui demandant comment elle se porte. Je m'intéresse à sa situation, à sa famille, à la qualité de sa vie. Je démontre un intérêt pour elle et cherche à la comprendre.

8 août

JE M'ACCORDE LA PERMISSION DE JOUIR DE LA VIE

*C*omment puis-je atteindre un niveau de bien-être intérieur si je ne profite pas de la vie. La réussite personnelle inclut la capacité de se détendre, de s'amuser et de rire. Si ma vie de tous les jours est une corvée et que je vis dans l'espoir de devenir prospère un jour, j'ai déjà raté le bateau. Pour moi, la réussite est synonyme de joie, de plaisir et de passion, alors je cherche à profiter de la vie à tous les jours. Je m'accorde la permission de jouir de ma vie.

Aujourd'hui, je regarde autour de moi et je vois les choses qui me font plaisir. Je planifie des activités qui me permettront de m'amuser. Je prend le temps de discuter avec les autres et je me donne la permission de rire et de m'amuser avec eux.

AUJOURD'HUI J'AI UN SENTIMENT DE PUISSANCE

*A*ujourd'hui, j'ai un sentiment de puissance. Je suis le maître de mon destin. Je suis en mesure de créer des effets positifs et durables dans mon entourage. Je suis en action. Je vois clairement mes objectifs et je suis en contact avec mon désir de foncer. Il y a une puissante force qui brûle en moi et qui me pousse vers l'avant. Cette journée m'appartient. Je suis capable de cerner les occasions qui se présentent à moi. Je suis éveillé, présent et persuasif.

LA MOTIVATION

*O*ù se trouve cette fameuse motivation dont on parle si souvent. On nous offre des cours de motivation, des séminaires sur la motivation et des bouquins sur la motivation. Les psychologues parlent sans cesse de motivation et ne réussissent pas à motiver quiconque. Les gens motivés s'intéressent rarement à la motivation car ils sont déjà motivés. Ils sont en action, activés par leurs rêves et leurs désirs d'accomplir.

Lorsqu'on est rendu à essayer de se motiver pour mettre un pied devant l'autre, on a déjà manqué le bateau de la motivation.

Aujourd'hui, je ne me pose pas de questions sur la motivation. Plutôt, je suis en action. Je regarde droit devant moi et j'avance vers mon but. Je n'attends pas que les circonstances extérieures soient favorables ou non à l'action, je fonce.

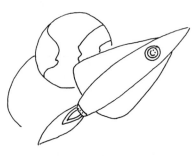

PASSER L'ÉPONGE

*L*a vie quotidienne est remplie d'exemples de gens qui nourrissent un ressentiment envers un collègue, une connaissance ou un membre de la famille. Cela peut durer des jours, des mois, des années même. J'ai déjà entendu des histoires de personnes qui racontaient, la voix étranglée par les remords, comment elles n'avaient pas eu le temps de pardonner à une personne de leur entourage avant que celle-ci ne quitte ce monde. Ce genre de témoignage est bouleversant et je ne souhaite à personne de vivre une telle situation.

Il existe d'ailleurs diverses fêtes religieuses durant lesquelles les fidèles pardonnent à leurs offenseurs telles le pèlerinage de Sainte Anne D'Auray en Bretagne ou le Grand Pardon dans la religion israélite. J'ai connu une famille qui, chaque soir, se réunissait tout de suite après le repas pour la prière. Et là, devant les autres membres de la famille, et même devant les invités, chacun devait demander pardon pour tout ce qui avait pu froisser un autre. Cela entraînait parfois des discussions animées, mais la réunion se terminait toujours dans l'harmonie. C'était, pour cette famille, la façon de mettre en pratique le principe: *«Pardonne-nous nos offenses comme nous pardonnons à ceux qui nous ont offensés».*

JE CONTRÔLE MA VIE

Le succès exige une bonne dose de discipline personnelle et de contrôle. Je sais que je ne pourrai pas, à tous les jours, faire les choses que j'aime. Je travaille pour réaliser mes buts et je dois pouvoir affronter la variété des tâches qui s'y rattachent. Parfois, j'aimerais pouvoir tout laisser tomber et ne rien faire. C'est là que la discipline personnelle entre en jeu dans ma réussite. Je suis en mesure d'exercer un bon contrôle sur moi et de conserver un effort constant. J'accepte la responsabilité de mener à bien mes projets même lorsque je dois faire des heures supplémentaires et mettre de côté mon plaisir spontané.

La discipline et la maîtrise de soi apportent la joie à mon coeur car je sais que je peux compter sur moi pour mener à bien mes projets. Je suis motivé par mes objectifs et mes idéaux, non par le besoin de gratification immédiate.

Aujourd'hui, je m'impose une discipline de travail car de cette façon, je contrôle ma vie et mon destin. Je dis non à toutes ces tentations extérieures qui m'incitent à mettre de côté mon travail et je poursuis mon chemin vers la réussite personnelle.

L'ART DE LA GUERRE

*L*a guerre n'est certes pas une activité constructive. Mais les stratégies de guerre sont beaucoup utilisées dans le monde des affaires. On associe nos concurrents à nos ennemis et on cherche à envahir leur territoire en formulant des stratégies offensives. Et, lorsque nos propres assises tombent sous l'offensive de nos concurrents, on applique des stratégies défensives pour protéger nos acquis. On peut constater toutes sortes de tactiques et de stratégies de guerres dans le monde des affaires. De façon ultime, on doit être alerte et en mesure de parer les coups si on désire survivre dans ce contexte très concurrentiel.

Aujourd'hui, je suis éveillé et présent. J'observe clairement les mouvements et les agissements de mes concurrents. J'emploie des stratégies offensives pour me tailler une place dans le marché. Lorsque ma position est menacée, je réagis rapidement pour enrayer les dangers.

LE RÉINVESTISSEMENT DES PROFITS

*L*e succès de l'entreprise est fondé sur la création de profits et surtout sur le réinvestissement des profits pour assurer sa croissance soutenue. Si on prélève tous les surplus générés par l'entreprise pour des fins personnelles, l'entreprise est vouée à la stagnation. On doit évidemment profiter des fruits de nos efforts mais on doit aussi permettre à l'entreprise de grandir et de développer ses capacités productives. Pendant les premières années, et tout au long de la vie de l'entreprise, une part importante des profits doit être réinvestie pour procéder à l'achat d'équipement, embaucher du nouveau personnel ou développer de nouvelles gammes de produits.

Aujourd'hui, je vois mon entreprise comme un être vivant et autonome. Je nourris sa croissance en réinvestissant une part des profits dans celle-ci. De cette façon, je remplis mon rôle de bon gestionnaire et j'assure ma prospérité future.

JE MÉRITE DE PRENDRE DES VACANCES

*L*orsqu'on est profondément impliqué dans la réalisation de nos objectifs, on peut parfois s'oublier. Les vacances — ou à tout le moins quelques semaines à l'extérieur de la maison ou du bureau — peuvent nous permettre de nous ressourcer. Durant ce temps, je m'éloigne un peu des tracas quotidiens et des impératifs du travail. Durant ce temps, je me préoccupe uniquement du plaisir, du repos et de la détente. Oui, j'ai bien travaillé et je mérite de prendre des vacances. Oui, je peux décrocher et ne penser qu'à moi-même.

Aujourd'hui, je vois que les vacances sont essentielles à mon moral et à mon bien-être physique et mental. Si je travaille sans prendre une pause, je deviens moins productif.

L'OUVERTURE DE L'ENFANT

«Pour moi, les véritables adultes ne sont pas les personnes débordantes de «maturité», mais celles qui ont conservé leur innocence dans leur coeur. Ils ont des étincelles dans les yeux et la démarche énergique.»

— Judy Ford

Êtes-vous comme moi au printemps, quand la neige fond et que les rayons du soleil deviennent vraiment chauds? Je m'occupe avec beaucoup de soin et d'amour de ce qui deviendra un magnifique jardin fleuri. Je prends plaisir à imaginer les couleurs et les parfums qui viendront, lorsque je sème les petites graines fragiles.

C'est ainsi que j'imagine les enfants de ce monde, les miens et ceux des autres. Des petites graines qui ne demandent qu'à germer, grandir en beauté et apporter leur pierre à la construction de ce monde. En tant que parent, j'ai la responsabilité de les faire grandir dans le respect et l'harmonie. J'ai toujours gardé à l'esprit qu'ils seront un jour probablement parents eux aussi et qu'ils élèveront à leur tour leurs propres enfants. Je suis et resterai donc un modèle pour eux.

LES PROBLÈMES PERSONNELS AU TRAVAIL

Lorsque j'ai intégré le marché du travail, on me disait que les employés ne devaient pas amener leurs problèmes personnels au boulot. À cette époque, je croyais que cela voulait dire qu'on ne pouvait pas arriver au travail avec la mine basse. Avec le temps, cette notion a pris un sens plus large. Aujourd'hui, je vois que le milieu de travail doit être un lieu stable de production. Les communications avec les clients, les fournisseurs et entre les membres de l'équipe doivent être souples et courtoises. Je dois être dans un état d'esprit qui me permet de bien répondre aux besoins de mon entourage et de bien remplir mes fonctions au sein de la boîte. Je dois donc avoir suffisamment de force de caractère pour mettre mes propres préoccupations personnelles de côté.

Aujourd'hui, je comprends que je dois être bien disposé à remplir mes fonctions. Quand j'entre au bureau, je mets de côté mes humeurs et mes préoccupations et je place mon attention sur les tâches que je dois réaliser. Souvent, en travaillant, les petites choses qui me mettaient de mauvaise humeur disparaissent et je me sens heureux à nouveau.

SAVOIR DÉLÉGUER

*A*ujourd'hui, je vois que la croissance de mon activité sera déterminée par ma capacité de déléguer. Lorsqu'on démarre une petite affaire, on a tendance à vouloir tout faire seul. Au départ, ce réflexe est très valable car on est mesure de bien contrôler tous les aspects du travail. Mais au fur et à mesure que mon activité progresse je dois savoir confier des responsabilités à d'autres. Sans cette capacité de délégation, ma croissance sera atrophiée et limitée par les choses que je ne peux moi-même réaliser dans une journée.

Aujourd'hui, je réalise l'importance de déléguer. Je donne aux autres la responsabilité de mener à bien des projets et des activités. Je travaille avec eux et je les encourage. Progressivement, je laisse aller des fonctions et j'adopte un principe de saine gestion. J'établis des objectifs de performance pour mes collaborateurs et je récompense le travail bien fait. Aujourd'hui, je délègue de plus en plus et je regarde mon activité s'accroître.

LA FORMATION DU PERSONNEL

*L*a formation du personnel est sans doute le plus gros investissement que doit faire une entreprise aujourd'hui. Le moment où le nouvel employé franchit le seuil de la porte, il occasionne à l'entreprise une dépense importante en salaire, et pendant les premiers mois, il n'atteindra pas son plein potentiel de rendement. Mais la plus value (la valeur ajoutée) qui est cristallisée dans le produit ou la valeur inhérente au service offert, vient de nos employés. Les ressources en personnel sont donc des ressources de grande valeur.

Aujourd'hui je suis sensible à la valeur des gens qui travaillent avec moi. Je prends le temps de bien choisir les gens qui feront partie de mon équipe et ensuite j'accorde le temps et l'énergie nécessaires pour bien les former. Je vois qu'avec le temps, un nouveau membre de l'équipe prendra sa place et contribuera à augmenter la valeur de l'entreprise.

AUJOURD'HUI, JE TE DEMANDE CE QUE JE PEUX FAIRE POUR TOI

«Ne demandez pas ce que votre patrie peut faire pour vous. Demandez plutôt ce que vous pouvez faire pour votre patrie.»
— John F. Kennedy

*L*a personne qui désire réussir doit se poser les questions suivantes: quels sont les besoins de ma clientèle et comment puis-je les satisfaire? On voit à quel point cette formule peut être utile lorsque l'on cherche à dénicher un emploi, à développer notre clientèle, à ouvrir de nouveaux marchés ou à augmenter nos ventes. Au lieu de se préoccuper de ses propres besoins, on centre notre attention sur les besoins de l'autre. En faisant ainsi, on trouve de nouvelles solutions à de vieux problèmes, on développe de nouveaux produits et de nouveaux services mais surtout, on se taille une place permanente auprès de notre clientèle en se rendant indispensable.

Aujourd'hui, au lieu de focaliser sur mes besoins, je chercherai à combler les besoins et les désirs des autres. De cette façon je me rendrai indispensable et je récolterai la récompense.

LES PREUVES TANGIBLES DE LA RÉUSSITE

«Lorsque j'ai voulu faire mon premier million, personne ne voulait m'aider. Maintenant que je cherche à faire mon deuxième million, tout le monde veux m'aider.»

— Richard Paquette

Il existe de nombreuses preuves de la réussite: l'augmentation de nos revenus; l'augmentation de notre clientèle et de notre volume d'affaires; l'augmentation de la qualité et de la quantité de nos produits ou de nos services; l'accès plus rapide et plus facile aux sources de financement. Mais surtout, la plus importante est la reconnaissance des clients, des fournisseurs, des financiers et des comptables. Une fois cet objectif atteint, notre activité recevra l'appui de tout notre entourage. Avec l'appui qui accompagne la reconnaissance de la réussite, la survie et le progrès de notre activité sont presque assurés.

Je parle ici de la synergie du consensus. Si la majorité des gens avec qui on fait affaires sont persuadés que nos actions seront gagnantes, nos actions seront gagnantes. Celui ou celle qui désire réussir devra, par ses actions et son discours, savoir comment créer ou atteindre cette synergie du consensus.

LE TALON D'ACHILLE DES ENTREPRISES

*L*a petite entreprise est accablée et trop souvent menacée par l'absence de fonds de roulement. Je définis «fonds de roulement» comment étant ces ressources liquides (réserves ou accès à des crédits bancaires) qui nous permettent de payer les comptes courants et de poursuivre le développement de l'entreprise. Les fonds de roulements, malheureusement, n'apparaissent pas comme par magie, ils doivent être constitués. Il viennent généralement de trois sources principales: l'argent investi par les actionnaires ou les propriétaires de l'entreprise, les crédits rendus disponibles par une institution bancaire et/ou les surplus qui émanent de la production elle-même, sous forme de profits.

L'absence ou la mauvaise gestion des fonds de roulement voue l'entreprise à une mort prématurée ou au sous-développement chronique. La disponibilité et la bonne gestion des fonds de roulement permettent à l'entreprise de progresser, de conserver des bonnes relations avec ses fournisseurs et d'alimenter le développement de nouveaux produits.

LES BANQUES

*P*our réussir on doit pouvoir bâtir notre crédit. L'action d'emprunter et de rembourser dans les délais prescrits demeure la façon la plus efficace de bâtir son crédit. Lorsqu'on démarre une entreprise, les banques hésitent généralement à nous faire crédit et le font seulement en échange de garanties personnelles. Lorsque notre crédit est établi, nous pouvons tirer profit de notre relation avec la banque en négociant une marge de crédit pour les opérations courantes ou un financement à long terme pour assurer le développement des activités de l'entreprise.

Les banques cherchent à faire des prêts qui comportent le moins grand risque de défaut. Alors, pour établir une bonne relation avec la banque, je dois pouvoir emprunter avec la certitude que je pourrai rembourser.

L'ART DES RELATIONS PUBLIQUES

*O*n sous-estime souvent la valeur des relations publiques. Selon moi, les relations publiques jouent un rôle très important dans la réalisation de mes projets. Les relations publiques impliquent la création d'une image, la vente d'idées et de concepts, l'établissement et le renforcement de liens de communications. Une personne qui désire réussir se doit de devenir habile dans l'art des relations publiques car elle cherche à solliciter l'appui et la collaboration des gens. On ne peut pas utiliser la force ou la contrainte pour obliger les gens à collaborer avec nous. On doit utiliser l'appât de la convivialité pour exercer une influence positive sur les gens.

Aujourd'hui, je comprends l'importance des relations publiques, non seulement lorsque je fais des affaires avec mes clients et mes fournisseurs mais encore lorsque je cherche à obtenir des résultats auprès des membres de mon équipe. La colère, la menace et la contrainte ne servent à rien. En employant des méthodes plus douces, plus conviviales, je réussis à me faire des alliés et à atteindre les résultats désirés.

METTRE DE CÔTÉ LE MONDE MATÉRIEL

On peut parfois avoir l'impression ou même la certitude que si l'on désire réussir, on doit être en harmonie avec les règles du monde matériel. Si l'on veut faire de l'argent, on doit vivre et travailler dans le vrai monde. Si l'on veut connaître le succès matériel, on doit pouvoir jouer le jeu et devenir matérialiste. Mais la vérité est toute autre. Je crois que pour réussir, on doit mettre de côté le monde matériel. On doit donner la primauté à nos rêves, à nos idées et à nos intentions. Lorsqu'on tombe d'accord avec la réalité matérielle qui nous entoure et qu'on oubli que nous sommes d'abord et avant tout un être spirituel, on perd l'impulsion vers la réussite.

Aujourd'hui, je suis pleinement conscient que je vis dans un monde matériel, mais je donne toute la place à mes idées, à mes rêves et à mes intentions. De mes idées, vient l'étincelle de la création. De mes rêves, naît la possibilité de créer et de bâtir un futur glorieux. De mes intentions, vient le feu qui me pousse à agir et à améliorer mes conditions.

LA CRÉATION D'UNE STRUCTURE OBJECTIVE

J'ai une vision. Je vois une entreprise qui est bien rodée, avec une belle équipe de travail, motivée et compétente, qui développe des produits de qualité. Je vois une entreprise qui génère des bénéfices importants et qui, en plus d'être très active sur les marchés nationaux, exporte dans plusieurs autres pays. Je rêve d'une société qui est gérée efficacement et qui récompense bien ses employés. Je vois une société qui est admirée et respectée par la concurrence. Je rêve d'une société qui est autonome, qui me survivra et qui continuera de progresser après mon départ.

Aujourd'hui, je réalise l'importance de constituer une entreprise qui deviendra une structure objective. Éventuellement, je pourrai me libérer en sachant que j'ai mis sur pied une structure qui ne dépend pas d'une seule personne mais qui résulte de l'effort conjugué d'une équipe engagée qui y trouve son profit.

RÉFLEXION SUR LA PROSPÉRITÉ

*L*a prospérité est étroitement associée à l'affluence ou à l'abondance. On parle donc d'un surplus extraordinaire. On peut aussi constater qu'il n'existe qu'une minorité de gens sur cette planète qui connait la prospérité. Alors, pourquoi est-ce que la majorité d'entre nous peut à peine gagner ou produire suffisamment pour subvenir à ses besoins et que d'autres dépensent et consomment sans réserve? Certains sont engagés dans la lutte pour un petit pain et d'autres s'attirent les plus grandes richesses du monde!

On pourrait croire qu'une partie de la réponse réside dans l'intelligence, le talent, la ruse ou le concours des circonstances. Mais, ce ne serait qu'un élément de la réponse. Au centre de la question de la prospérité réside un autre facteur bien plus important mais toujours enfoui, caché à l'oeil nu. Les gens qui atteignent la prospérité ont la capacité d'avoir. Ils peuvent en avoir plus. Les autres peuvent seulement avoir juste assez ou ne peuvent pas avoir du tout.

ÉCHANGE DE PRODUITS ET DE SERVICES
(LE TROC)

*A*ujourd'hui, je me rends compte que l'échange de produits et de services, le troc, peut jouer un rôle important dans ma réussite. Le troc me permet d'échanger mon produit pour un autre produit utile sans avoir recours à l'argent. Les petits entrepreneurs ont compris la valeur du troc dans l'opération quotidienne de leurs affaires. Évidemment, il est impossible de vivre uniquement de troc dans notre société, mais son utilisation judicieuse peut venir réduire nos coûts d'opération, augmenter nos ventes et réduire notre dépendance envers les transactions monétaires.

De plus en plus, il existe des regroupements d'entreprises qui prônent le troc entre ses membres. Lorsqu'une entreprise est petite, le troc peut favoriser l'établissement de liens durables. Aujourd'hui, je ne fais pas que chercher à vendre mes services contre de l'argent. Je cherche à faire l'échange de produits et de services. De cette façon, j'exploite ainsi toutes les avenues ouvertes au développement de mon activité.

L'ÉCHANGE SYMBOLIQUE ET LE DON

*L*e don a toujours joué un rôle très important dans nos sociétés. Les anthropologues qui ont étudié le don, se sont rendus compte qu'on offre des dons à des individus particuliers pour des raisons précises. Le don fait partie de l'échange symbolique. J'offre un cadeau dans l'espoir de créer ou de nourrir une certaine réciprocité. Je ne donne pas au hasard mais avec la conviction que je recevrai à mon tour. Il existe une forme d'équilibre dans l'échange symbolique même si cela ne peut pas toujours être cerné consciemment. En donnant, on crée une forme d'endettement chez l'autre. Il devra, tôt ou tard, tenter de rembourser sa dette pour rétablir l'équilibre dans la relation. Évidemment, dans nos sociétés de surconsommation et de récompense de l'improductivité, la force symbolique du don a beaucoup diminué. Néanmoins, le don demeure une excellente façon d'encourager la réciprocité.

FIDÉLISER SES EMPLOYÉS ET SES ASSOCIÉS

*A*ujourd'hui, je vois l'importance de fidéliser mes employés clefs et mes associés principaux. La notion de fidélisation part du principe que chacun cherche à satisfaire son propre intérêt. Si on désire attirer et garder près de nous des personnes compétentes, on doit pouvoir leur offrir des avantages intéressants. On voit que les entreprises offrent des bonis et des avantages, mettent sur pied des programmes de participation aux profits et émettent des actions afin d'assurer la stabilité de leur force de travail. De cette façon, les employés seront plus aptes à donner leur maximum et ne chercheront pas à se diriger vers la concurrence.

Aujourd'hui, j'accepte que je dois mettre sur pied un système qui permet de récompenser les membres de mon équipe. Je veux les inciter à donner le meilleur d'eux-mêmes et donc je dois élaborer une méthode qui encourage l'excellence et la permanence.

POURQUOI RÉUSSIR?

*J*e me suis posé la question: pourquoi réussir? Pourquoi ne pas tout simplement se laisser entraîner par les circonstances de la vie? On entend souvent cette idée qu'on doit lâcher prise et ne pas lutter contre la dynamique inhérente à la vie et aux événements. Alors pourquoi ne pas lâcher prise et laisser le destin arranger les choses? Pour moi, réussir signifie devenir de plus en plus maître de mon destin, de plus en plus capable de mouler les circonstances de la vie, de plus en plus apte à être moi-même, conscient de mes choix, de mes actions et de mes responsabilités. Le monde appartient à ceux qui acceptent de devenir la source de leur propre destin, ceux qui acceptent d'agir et de créer des effets.

Aujourd'hui, je cherche à réussir car je suis mû par un profond désir de déterminer mon propre sort. Je désire créer et communiquer. Je désire grandir et étendre mon champ d'influence. Je désire connaître de nouvelles expériences positives et nourrissantes. Je veux aimer et être passionné par ma vie et par mes relations.

LIRE ENTRE LES LIGNES

Je suis attentif aux messages sous-jacents. Peu de personnes ont maîtrisé l'art de la communication authentique. Elles sont donc contraintes à des formes de communication plus indirectes et parfois plus sournoises. Il y a bien sûr des messages non verbaux, mais il y a aussi beaucoup de sous-entendus qui risquent d'être ignorés si je ne suis pas attentif. Alors, je suis à l'écoute et je tente de lire entre les lignes. En posant les bonnes questions, je suis en mesure de bien comprendre mon interlocuteur et la situation.

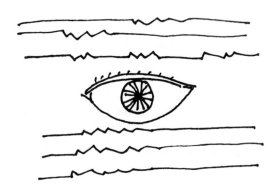

QUEL EST MON DESTIN?

J'ai parfois cru que j'étais destiné à accomplir de grandes choses. J'étais né sous une bonne étoile. J'ai cru qu'en grandissant, mon passage aurait un impact réel sur la vie et le monde. Je croyais que la réussite était mon destin. Le temps et les événements se sont chargés de me faire comprendre que la grandeur était réservée à ceux qui pouvaient s'élever au delà de la lutte pour l'existence en créant quelque chose de nouveau, de grand, de merveilleusement unique. Les défis réservés à ceux qui désirent faire de grandes choses et réaliser de grands changements sont énormes. Le travail et la dévotion nécessaires dépassent l'imagination.

Aujourd'hui, je suis satisfait de voir que je fais de bonnes choses et que je suis maître de mon destin. En travaillant consciencieusement à tous les jours, je prends ma place dans ce monde et je réalise de bonnes choses. Peut-être suis-je destiné à faire de grandes choses mais aujourd'hui je me contente de faire la bonne chose.

ACCEPTER MES RESPONSABILITÉS

*C*e que j'ai fini par comprendre et admettre, c'est que dans toute chose qui m'arrive, j'ai ma part de responsabilité. Je ne peux donc pas rejeter entièrement le blâme sur les autres. J'ai maintenant plutôt tendance à me poser la question: qu'est-ce que j'ai fait, ou n'ai pas fait, pour que cela arrive? Cela me pousse à être indulgent envers les autres et à tenter de comprendre avant de juger. Si je n'obtiens pas les résultats voulus, je me demande: en regard de ce que j'ai fait, ou n'ai pas fait, qu'est-ce qui explique que je n'ai pas atteint les résultats voulus? Lorsque la situation n'évolue pas de la façon que j'espérais, je me demande: qu'est-ce je dois faire pour corriger la situation?

Aujourd'hui, j'accepte la responsabilité de ce qui m'arrive. Je peux voir dans chaque situation la possibilité d'agir ou de ne pas agir. Je peux voir que j'ai une part de responsabilité dans chaque situation qui se produit dans ma vie.

RECEVOIR L'AUTHENTIFICATION DE NOTRE VALEUR

«On nous vante tellement les mérites de la modestie et de l'effacement de soi, que nous sommes mal à l'aise lorsque vient le temps de recevoir l'authentification de notre valeur personnelle.»

— Sue Patton Thoele

Malgré toutes mes erreurs, malgré toutes les améliorations que je dois faire, malgré toutes mes imperfections, je suis un être de grande valeur. Je sais qui je suis au fond de moi. Je suis une personne aimante et généreuse qui désire faire de bonnes choses. J'ai plusieurs merveilleuses qualités que je mets en application à tous les jours. Les gens autour de moi peuvent voir aisément que je suis sympathique et aidant.

Aujourd'hui, je célèbre mes qualités et mes mérites.

LE MONDE A BIEN CHANGÉ

*O*n entend souvent dire que le monde a bien changé et qu'il faut mettre les vieilles notions au rancart. Mais je ne suis pas tout à fait persuadé qu'il faut oublier tout ce que nos parents et nos grands-parents nous ont transmis. Il existait dans leurs schèmes de valeurs quelque chose de bien important que l'on a tendance à sous-estimer: la dignité. Malgré notre situation, on doit toujours conserver notre dignité. Conserver sa dignité signifie vivre la tête haute en ayant un sens profond de respect et de fierté pour soi-même. La fierté nous dicte une attitude et des comportements fondés sur la justice et la noblesse.

Aujourd'hui, je conserve ma dignité dans toutes les situations. Je m'adresse aux gens avec respect et j'exige le même respect en retour. Je ne compromettrai pas ma dignité pour des considérations financières ou pour obtenir une victoire. Je vois que la dignité est un ingrédient important du respect et de l'admiration que je porte envers moi-même et je veux toujours pouvoir me regarder dans la glace en sachant que j'ai été fidèle à mes principes.

6 septembre

LA FORCE DE L'INTELLIGENCE

*O*n ne doit pas sous-estimer la force de l'intelligence. On doit aussi noter que l'intelligence prend des formes très variées. Lorsque je parle d'intelligence, je ne fait pas nécessairement référence à l'intellect ou à la taille du cerveau. Je parle plutôt d'habilité consciente. Selon moi, une personne peut avoir un quotient intellectuel très élevé et ne pas être en mesure de le mettre en pratique. L'intelligence, c'est trouver des solutions valables aux problèmes de tous les jours, c'est apporter de l'organisation à son travail et à sa vie; c'est s'occuper de soi-même et de ses proches; c'est maximiser son potentiel et réussir dans la vie.

Aujourd'hui, j'utilise tout mon savoir et toute mon intelligence pour être la personne que je désire être et pour faire ce que je m'étais promis de faire. J'utilise mon intelligence pour trouver des solutions aux problèmes qui me confrontent et pour bâtir une vie remplie de succès et de bonheur. J'utilise mon intelligence pour être au service de ma famille et de ma communauté.

L'ACTIVITÉ CRIMINELLE

L'activité criminelle n'est pas un travail quoique certaines personnes semblent croire le contraire. Le vol, la vente de drogues illégales, la fraude, la violence organisée et toutes les autres formes d'activités criminelles ne contribuent pas au bien-être et à la dignité de la vie humaine. L'activité criminelle vient appauvrir une société et ceux qui y participent. Notre tolérance à l'endroit de l'activité criminelle engendre des coûts sociaux et économiques. Nous avons tous un rôle à jouer pour défavoriser l'activité criminelle, si banale soit-elle. Nous avons aussi un rôle à jouer pour créer une société qui puisse permettre aux gens de gagner honnêtement leur existence.

8 septembre

RÉUSSIR SIMPLEMENT

L'idéologie de la science et de la technologie a servi à mystifier le monde dans lequel on vit. Les gens ont souvent l'impression d'être dépassés par les nouvelles réalités du monde du travail et ont perdu l'espoir de pouvoir contribuer à la société dans laquelle ils vivent. Mais la vérité est qu'il y aura toujours une place pour celui ou celle qui sait travailler et qui sait combler les besoins de l'humain de façon efficace. Les besoins fondamentaux de l'humain ne changent pas. Il doit s'alimenter, se vêtir, se loger. Il cherche à se divertir et à atteindre une position sociale. Il veut être en relation et fonder une famille. Il cherche à se déplacer pour avoir accès à toutes les bonnes choses que la société peut lui offrir. Il cherche aussi à se découvrir et à grandir sur les plans professionnel, émotionnel et spirituel.

Aujourd'hui, je sais que je peux me tailler une place dans la société en remplissant une fonction utile, qui comble des besoins chez l'humain. L'éventail des produits et des services que je peux offrir est énorme: de l'entretien ménager au développement de logiciels spécialisés. En cernant bien le domaine dans lequel je veux oeuvrer, je peux mettre sur pied une activité qui comble des besoins et rend les gens heureux

QUE DIRONT-ILS DE MOI?

Que diront-ils lorsque je ne serai plus là?
Que j'étais un amoureux de la vie,
ou un homme comme tous les autres?

Que diront-ils lorsque je ne serai plus là?
Que j'étais prêt à surmonter tous les obstacles,
ou que j'ai fait ce que j'ai pu?

Que diront-ils lorsque je ne serai plus là?
Que j'étais un homme d'action,
ou que j'avais la tête dans les nuages?

Que diront-ils lorsque je ne serai plus là?
Que j'ai vécu chaque instant,
ou qu'ils ont peine à se souvenir de mon
passage?

L'ARGENT QUE L'ON NE PEUT GARDER

*J*e me suis rendu compte qu'il y a deux types d'argent: l'argent que l'on peut garder et l'argent qui s'envole aussitôt reçu. L'argent qu'on peut garder et dépenser à son gré vient lorsqu'on a bien travaillé et qu'on a donné le meilleur de nous-mêmes. C'est l'argent qu'on gagne à tous les jours en faisant un bon travail et en étant présent et actif. L'autre forme d'argent peut venir de diverses sources mais n'a nécessité aucun travail de notre part. C'est l'argent facile qui vient de la spéculation, du jeu, de la criminalité, de la supercherie ou des accidents de parcours. Nous ne pouvons pas garder cet argent, car il n'est pas vraiment le nôtre. Il s'envole donc aussi rapidement qu'il est apparu. Il disparaît tout simplement.

11 *septembre*

J'EXPRIME MES BESOINS

*P*our qu'elle soit réussie, une relation doit permettre à chacun d'exprimer et de combler ses besoins. Une relation ne peut survivre si elle est fondée sur la suppression des besoins de l'un ou l'autre des partenaires. Ma responsabilité est de faire valoir mes besoins et de permettre à l'autre de se réaliser pleinement dans le cadre de notre relation.

JE CONTRIBUE ET JE LAISSE LES AUTRES CONTRIBUER

*J*e réalise qu'il doit exister un équilibre dans les échanges au sein d'une relation. Lorsque l'un des deux contribue plus que l'autre, la relation peut difficilement survivre. En plus de donner, je dois être disposé à recevoir. Je suis devenu vigilant sur cette question de l'échange au sein de mes relations, car les inégalités mènent inévitablement à la déception et à l'échec. Je ne peux pas acheter le respect et l'amour de l'autre. Je dois plutôt insister sur l'égalité de l'échange.

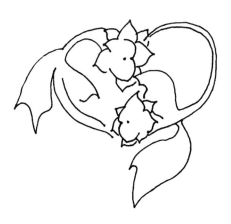

SE FAIRE RESPECTER

Le respect est un ingrédient essentiel en amitié, dans la relation de couple et dans les relations de travail. Je dois évidemment respecter les choix, le caractère et les aspirations des gens qui m'entourent. Mais je dois également insister pour qu'on me respecte. Beaucoup de personnes sont tellement préoccupées par leur besoin d'amour et d'approbation qu'elles craignent de s'affirmer. Je peux être aimé et respecté. Je peux montrer aux gens comment me respecter. J'en suis venu à la conclusion qu'une personne qui ne me respecte pas ne mérite pas d'être en relation avec moi.

14 septembre

Le petit déjeuner des champions

*A*ujourd'hui, je centre mon attention sur mes habitudes alimentaires. Je me rends compte que pour réussir je dois m'alimenter sainement. Je dois manger de bonnes choses en faisant les bonnes associations d'aliments et en prenant mes vitamines à tous les jours pour être en forme et pouvoir produire. Si je manque d'énergie, je ne pourrai pas fournir un effort continu tout au long de la journée. Le matin, je prends un bon petit déjeuner qui contient des protéines afin de pouvoir démarrer la journée du bon pied.

Aujourd'hui, je constate qu'une alimentation saine fait partie de la réussite.

LES ÉTUDES ET LA RÉUSSITE

*M*es parents m'ont bien inculqué l'idée que pour réussir, je devais poursuivre mes études. Ils avaient l'impression que les emplois de qualité seraient réservés aux gens qui possédaient des diplômes. Alors, jusqu'à l'âge de 24 ans, j'ai poursuivi mes études et j'ai obtenu une maîtrise universitaire. Mais je n'ai pas étudié, par contre, pour obtenir un job prestigieux. J'ai étudié parce que j'aimais les études et le contexte universitaire. J'ai vécu durant ces années de très belles expériences et j'ai fondé des amitiés qui dureront toute une vie. Je peux dire que je n'ai pas étudié pour réussir, bien que mes études m'ont aidé par la suite. J'ai étudié par intérêt et par amour de la connaissance.

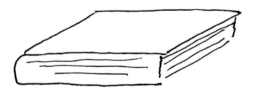

L'INTUITION ET LA RAISON

«L'homme d'action le plus efficace est celui qui est à la fois émotif et cérébral. Car il dispose, à dose égale, l'intuition et la raison».
François Garagnon

La réussite exige certes la capacité de peser le pour et le contre, de calculer les risques contre les avantages et le raisonnement qui mène à l'élaboration de stratégies justes. La réussite exige aussi une autre forme d'intelligence: l'intuition. L'intuition trouve sa source dans notre for intérieur et se manifeste par un sentiment ou une réalisation soudaine. Sans ce facteur de l'intuition, la réussite devient impossible. Car la réussite naît de l'intuition créative.

Aujourd'hui, je vois comment l'intuition est importante dans ma réussite. Je dois donner libre cours à mon intuition pour ouvrir de nouveaux chantiers. Après l'intuition de départ, je pourrai utiliser ma raison pour me guider et pour donner forme à cette impulsion.

LA RÉUSSITE MATÉRIELLE

Certains nous dirons que la réussite matérielle n'apportera pas le bonheur ni l'amour propre. Que la noblesse et l'indépendance émanent de la souffrance et de la misère. Moi, je choisi de bien manger, de dormir dans un grand lit et de voyager pour connaître le monde. Je crois au succès matériel et à toutes les bonnes choses que l'argent peut me procurer. Je sais aussi que je pourrais tout perdre demain matin et que ma joie serait alors de tout recommencer. J'aime le jeu. J'aime le chemin autant que la destination. J'aime réussir sur tous les plans et dans tous les domaines. Pourquoi pas?

Aujourd'hui, je vois que la réussite matérielle est bonne et noble. Je me donne la permission de réussir et de profiter de mes accomplissements. Je sais que la réussite matérielle ne me rendra pas plus bête ni méchant. Je suis intéressé par la vie, par les autres et par la réussite.

18 septembre

SE PRÉOCCUPER DE L'AVENIR

*D*e plus en plus de personnes s'interrogent sur leur avenir. Ils se préoccupent de la façon dont ils pourront gagner leur vie dans ce nouveau contexte. Les emplois changent. La technologie change. L'implication de l'État dans la vie de tous est en pleine mutation. Les entreprises changent elles aussi et ne sont plus en mesure de créer de façon croissante et constante de nouvelles positions durables. Dans ce nouveau contexte, on s'interroge à savoir comment on pourra conserver ou même améliorer notre style de vie et s'assurer une retraite.

La réussite personnelle exige l'adaptation. On doit pouvoir réussir à s'adapter aux nouveaux contextes qui émergent et savoir en tirer profit. Si je conserve des idées fixes par rapport à mon avenir, je pourrai connaître des expériences décevantes. Si je demeure ouvert aux diverses possibilités, je serai toujours en mesure de m'adapter aux changements. Chaque nouvelle situation présente des possibilités de victoire ou d'échec. Chaque contexte offre de nouvelles opportunités.

19 septembre

LE MARIAGE

*J*e me rends compte que le mariage est un engagement à vie mais qui ne doit pas se faire à n'importe quel prix. Je croyais que le destin, à cet égard, avait déjà tout planifié pour moi. Je pensais qu'une fois la bonne personne rencontrée, je n'avais qu'à me laisser aller. Mais la vie m'a enseigné une autre leçon. Le mariage est quelque chose que l'on crée à deux, tous les jours. Chacun doit prendre ses responsabilités et assumer sa part du travail.

Il y a un facteur important qui détermine la valeur et la qualité d'un mariage: l'honnêteté. Le mariage est voué à l'échec lorsqu'un des deux partenaires (ou les deux) retient des choses ou ne partage pas ouvertement avec l'autre. Le secret, les mensonges et l'infidélité ne peuvent exister au sein de l'union matrimoniale. C'est aussi simple que cela.

Aujourd'hui, je décide de vivre dans l'honnêteté et dans la transparence.

LES PARTENAIRES EN AFFAIRES

*C*omme dans une relation de couple, le partenariat en affaires implique un bon nombre de responsabilités. Si je désire établir un partenariat durable, je devrai faire ma part et donner mon cent pour- cent. Je devrai être en communication et consulter avant d'agir. Je devrai être réceptif aux idées et aux conseils de mon associé. Je devrai savoir négocier et décider conjointement. Le partenariat en affaires comporte de nombreuses difficultés mais aussi de nombreuses récompenses qui viennent avec le partage du travail et des responsabilités.

LA TENDRESSE

La tendresse a-t-elle une place dans le milieu des affaires? On sait que les relations amoureuses, dans le cadre du travail, peuvent parfois créer du ressentiment et des conflits. Je crois que la tendresse, sous forme d'encouragement, d'attention, de reconnaissance et de compliments, peut jouer un rôle très important dans les relations entre collègues de travail. On doit évidemment connaître les limites ainsi que les règles non-écrites qui régissent les comportements entre les hommes et femmes au travail et ne pas froisser les sensibilités. Mais une main sur une épaule qui communique notre appréciation et notre désir d'encourager, un sourire qui transmet notre appréciation de la personne, un beau bonjour chaleureux qui signifie *«tu es vraiment formidable»,* ont définitivement leur place dans le contexte du travail. Chacun doit savoir qu'il est aimé et apprécié. Chacun doit savoir qu'il a sa place au sein de l'équipe.

L'EXERCICE PHYSIQUE ET LE SUCCÈS

*A*ujourd'hui, je prendrai le temps de faire de l'exercice physique. Je me suis rendu compte que la forme physique influençait mon attitude mentale et mon niveau d'énergie tout au cours de la journée. Lorsque je suis en forme physiquement, je suis plus alerte et plus calme. Je suis en mesure de mieux me concentrer sur mon travail et je me sens généralement mieux dans ma peau. Alors, je prends le temps de faire de l'activité physique trois ou quatre fois par semaine. Je cherche à faire des exercices qui renforcent mon système cardio-vasculaire et qui m'aident à garder une taille mince. Je sais que la forme physique me permettra de conserver mon élan et d'atteindre les buts que je me suis fixés.

S'AIMER SOI-MÊME

«Que signifie s'aimer soi-même? Cela signifie prendre du temps pour vous-même chaque jour. Vous respecter. Vous dorloter de temps en temps. Cela signifie découvrir vos talents personnels et profiter de tout ce qui vous fait plaisir. Cela signifie défendre votre point de vue quand vous avez la certitude que c'est nécessaire. C'est un processus quotidien par lequel vous apprenez à vous connaître tel que vous êtes, à être indulgent envers vous-même quand vous vous découvrez des petits côtés moins agréables et, finalement, à prendre toutes les mesures d'autovalorisation utiles à votre croissance personnelle. S'aimer soi-même implique être capable d'admettre ses faiblesses en sachant que, même si les choses n'ont pas toujours été faciles, on a fait de son mieux. Quand on s'aime et qu'on s'accepte tel qu'on est, on n'a pas peur de grandir, d'apprendre et de changer. On se sent plein de vie et on a l'énergie qu'il faut pour avoir du plaisir avec sa famille et en prendre soin convenablement. Parce que les enfants apprennent par l'exemple, les parents sont les mieux placés pour leur enseigner ce que signifie s'aimer soi-même.»

— Judy Ford

24 septembre

DEUX ÂMES

«Une relation est fondée sur le mouvement, la croissance; c'est un environnement interpersonnel sacré qui touche l'évolution de deux âmes. Les changements que cette relation traverse comme entité, sont la somme des changements entrepris par les personnes qui la composent. Ce que nous demandons de nos relations est à la mesure de ce qu'elles demandent de nous et de ce que nous deviendrons, avec le temps.»

— Daphne Rose Kingma

Je me suis rendu compte qu'une relation est un contrat. C'est l'union de deux êtres complets et autonomes. Nous devons définir les paramètres de notre relation, les conditions de satisfaction, les règles du jeu. Ensemble, nous devons créer un terrain commun qui est plus grand que notre terrain individuel. Si je change, ces transformations affecteront ma relation et auront un impact sur la vie de l'autre. Si l'autre change, ma vie sera affectée par ces changements, de par ma proximité. Je dois pouvoir respecter le cheminement et l'individualité de l'autre et lui demander de respecter mon individualité et mes droits.

Aujourd'hui, j'accepte de grandir avec quelqu'un.

LIVRER LA MARCHANDISE

Je sais que si je veux réussir, je dois livrer la marchandise. Livrer la marchandise signifie fournir, de façon consistante, exactement ce que le client a demandé. Les gens qui ont l'impression malheureuse de pouvoir offrir un produit ou un service qui ne correspond pas exactement aux attentes du client se trouveront rapidement sans client. Je crois que ce principe s'applique à tous les domaines et à tous les secteurs d'activités. Les consommateurs, les employeurs, le public et les payeurs de taxes sont de plus en plus exigeants. Ils veulent un travail de qualité, l'utilisation responsable et justifiable des ressources disponibles et des produits qui correspondent à leurs attentes.

Aujourd'hui, je sais que je dois toujours fournir un travail de première qualité si je veux vraiment réussir. Ma réussite dépend directement de mes efforts et non de tous les facteurs extérieurs. Si je m'attarde à fournir un service de première qualité, je ne manquerai jamais de travail.

METTRE FIN À L'INDÉCISION

*A*ujourd'hui, je vois comment l'indécision peut réduire mes chances de réussite. Je dois être en mesure de prendre des décisions à tous les jours et de vivre avec mes décisions. Avant de décider, je fais mes recherches. Je questionne et j'analyse les diverses alternatives. Je me suis placé dans une situation où je dois prendre des décisions importantes sur mon devenir et le devenir des gens qui travaillent avec moi. En consultant mes collègues et en pesant le pour et le contre, je suis en mesure de décider. Si je me trompe parfois, je suis en mesure d'assumer pleinement les conséquences de mes décisions.

Aujourd'hui, j'accepte de prendre une décision et de frayer mon chemin vers mes objectifs. Je sais que si je reste indécis, je pourrai rater des occasions et nuire à mon propre développement. Je suis en mesure de décider car je me fais confiance et je peux vivre avec les conséquences de mes choix.

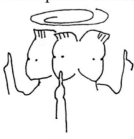

COMMENT RÉPARER UN COEUR BRISÉ?

R ares sont ceux qui n'ont pas vécu au moins une grande déception amoureuse. Ces échecs amoureux nous marquent très profondément. On peut rester accroché à cette peine pendant des mois voire parfois des années. Et lorsque finalement notre coeur commence à se desserrer, on aime craintivement, de peur de vivre à nouveau cette profonde douleur. Nous nous rendons compte que la peine d'amour ressemble beaucoup au deuil que l'on vit lors du décès d'un proche parent. La rupture amoureuse éveille en nous les sentiments d'échec, d'abandon, de deuil, de colère et de déni qui peuvent être assez envahissants. Cette peine est accentuée lorsque l'on est rejeté par l'autre, car la perte de l'estime de soi rend ces émotions encore plus violentes.

La seule cure pour un coeur brisé consiste à grandir, à évoluer, à regarder droit devant et foncer vers l'avant. On doit chercher à devenir plus grand que la douleur et que la perte. On doit cesser de se faire des illusions par rapport aux relations amoureuses et accepter que tout change et qu'aucune personne ne peut nous apporter le bonheur. On doit sortir et aller chercher notre propre bonheur, notre propre version du bonheur.

28 septembre

L'EMPLACEMENT, L'EMPLACEMENT ET L'EMPLACEMENT

*L*orsque j'étais jeune, un homme d'affaires m'a appris qu'il existe trois facteurs importants dans la réussite en affaires: 1) l'emplacement; 2) l'emplacement; et 3) l'emplacement. Il se référait évidemment au facteur principal qui contribue aux succès d'un commerce au détail. Lorsque notre commerce est bien situé, on risque d'attirer plus facilement la clientèle. Le client cherche la commodité, la facilité et la rapidité d'accès. Si vous vous trouvez sur la route, dans un bel emplacement, vous serez plus apte à attirer la clientèle.

Alors c'est simple, si je désire mettre sur pied un commerce au détail, je devrai bien choisir son emplacement. Il sera nécessaire d'analyser divers emplacements et de choisir celui qui est le mieux situé par rapport à ma clientèle potentielle. Est-ce que les gens peuvent s'y rendre à pied? Est-ce qu'on y trouve des aires de stationnement? Est-ce que l'emplacement est visible et facile d'accès? Aujourd'hui, je me penche sur ces questions car l'emplacement est important.

LE CADEAU DE L'AMITIÉ

*J*e me réjouis des amitiés que j'ai créées sur mon chemin. Je me salue pour avoir fait de bons choix d'amis et je me pardonne d'avoir accordé ma confiance et mon estime à certains individus qui ne savaient pas apprécier ce cadeau de l'amitié. Je suis maintenant en mesure de partager mon amitié avec discernement. Je vois aussi que la réussite inclut une vie sociale riche et diversifiée. Je cherche à développer des amitiés chaleureuses fondées sur l'affinité et le partage d'intérêts. Je m'entoure d'amis qui m'estiment et désirent m'encourager sur mon chemin vers la réussite.

METTRE FIN À UNE RELATION MALHEUREUSE

*L*es relations d'affaires doivent être fondées sur l'intégrité, la communication et l'intérêt réciproque de chaque partie. Je me suis rendu compte que je ne pouvais pas faire des affaires avec quelqu'un si je ne pouvais pas lui faire confiance. Lorsque je me sens lésé, je fais me petite enquête. Je cherche à déterminer si mon sentiment est justifié ou non. La majorité des situations et des problèmes peuvent être résolus avec un dialogue frais et juste. Cependant, si la situation qui me cause des tracas se poursuit malgré les mots rassurants, je dois réagir.

On peut croire que si l'on met fin à une relation d'affaires malsaine, on subira une baisse de revenu et des pertes financières. Ceci peut être vrai à court terme. Mais à plus long terme, on sera gagnant car on aura éliminé un problème et ramené l'ordre dans nos affaires.

LA SIMPLICITÉ

«Tout ce dont on a besoin pour ressentir que le bonheur se trouve ici et maintenant, c'est d'un coeur simple.»
— Nikos Kazantzakis

Sans nier l'importance d'événements antérieurs qui ont pu être pénibles et dramatiques, je ne pense pas que nous soyons inévitablement enchaînés à ces démons du passé. Croire le contraire reviendrait à dire que je ne suis qu'une marionnette, incapable de maîtriser mon destin. Lorsqu'on mène sainement ses affaires et que l'on applique des valeurs authentiques comme l'honnêteté, le respect, la fidélité, et ce chaque jour, la vie devient alors beaucoup moins complexe et plus facile à vivre. C'est vrai que l'existence est parsemée d'embûches et qu'on est parfois assailli par des échecs passés. Mais en restant tenace et fidèle à mes principes, je risque moins de sombrer dans la morosité et l'angoisse. Si je reste ouvert et que je cherche la conciliation plutôt que les conflits, si je me débarrasse de toute contrariété, ne retenant ni rancune ni animosité, je garderai le coeur léger et l'esprit ouvert à des choses positives.

2 octobre

LES JOURS MOINS FACILES

Il y a des jours moins faciles que d'autres. Ces jours où rien ne fonctionne, où tout semble aller de travers. Il y a des jours où même accomplir les choses les plus simples semble constituer un défi difficile à relever, voire un véritable exploit. On a l'impression qu'on aurait dû rester au lit.

Mais dans l'ensemble, les choses vont assez bien. Dans l'ensemble, je me sens assez satisfait. Dans l'ensemble, je crois que j'y arriverai. Dans l'ensemble, je suis heureux d'être ici pour vivre, même dans les moments difficiles. Je ne vis pas dans l'espoir. Je vis dans la certitude que demain sera un jour meilleur.

Aujourd'hui, je ferai de mon mieux et je passerai au travers. Aujourd'hui, je tenterai de garder mon sens de l'humour même lorsque le monde autour de moi semble avoir perdu le sien. Aujourd'hui, à la fin de la journée, je m'offrirai un bon bain chaud à la douce lumière d'une chandelle et je penserai à tous ces beaux lendemains.

3 *octobre*

LA QUALITÉ DE MES RELATIONS

*J*e me suis rendu compte que la qualité de ma vie était largement définie par la qualité de mes relations. Je peux évaluer la qualité de ces relations par le niveau de communication, l'égalité des échanges, le respect et l'affection qui y sont véhiculés. Je dois m'assurer que les gens qui partagent ma vie sont intègres et qu'ils désirent sincèrement contribuer à mon bien-être. C'est fondamental. Lorsque je constate qu'une relation, qu'elle soit affective ou professionnelle, ne contribue pas à mon bien-être, je dois agir rapidement pour remanier ou mettre fin à ce rapport.

LA PROMOTION

*L*a promotion de l'entreprise — et des produits ou services qu'elle offre — joue un rôle très important dans son développement. La promotion peut prendre des formes variées telles: les publicités payées, les articles promotionnels, les campagnes médiatiques, les campagnes promotionnelles, la diffusion auprès de détaillants, le placement de produits, etc. Tous ces efforts de promotion ont pour objectif de faire connaître le produit et d'inciter le client à en faire l'achat. Plus le produit est visible, attrayant et correspond aux attentes du client, du distributeur et du détaillant, plus il sera susceptible d'être acheté.

La petite entreprise doit se frayer un chemin dans le marché en faisant connaître et accepter son produit. L'effort de promotion doit être constant et bien planifié, si on espère atteindre des résultats intéressants. Afin de créer un impact réel, on doit travailler sur plusieurs fronts en exploitant diverses méthodes de promotion. On doit aussi être sensible aux coûts afférents à la publicité-promotion et trouver des méthodes qui nous permettent d'obtenir les meilleurs résultats tout en respectant un budget préétabli.

5 octobre

LES RELATIONS À LONG TERME

*A*ujourd'hui, je cultive et je renforce mes relations de longue date. Je prends quelques instants pour rédiger des lettres ou pour téléphoner à ces chers amis qui occupent encore une place importante dans ma vie. Je sais que les relations les plus importantes sont celles qui ont subi l'épreuve du temps. Ces êtres chers m'ont accompagné sur mon trajet et méritent que je sois en communication avec eux. Ils seront ravis de savoir que je pense à eux et ces communications serviront à raviver notre affection profonde.

Aujourd'hui, je célèbre ces relations de longue date qui me rappellent qui je suis vraiment et d'où je viens.

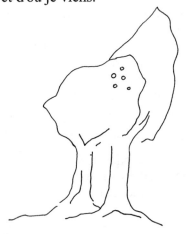

6 octobre

LA VALEUR AJOUTÉE

*U*n produit fini obtient sa valeur du fait qu'il contient une valeur ajoutée, une plus value. La valeur ajoutée vient du travail qui vise à transformer des matières premières ou des produits semi-finis en des objets utilisables ou des produits prêts à la consommation. Je suis dans le business de la valeur ajoutée. Avec mon travail et en coordonnant le travail des autres, je réussis à fabriquer des marchandises qui peuvent ensuite être utilisées et consommées. C'est la valeur ajoutée de mon produit (le travail cristallisé) qui lui confère une valeur.

LE MARCHÉ DE LA BOURSE

J'ai passé des années à jouer à la Bourse. À chaque jour, je consultais les indices boursiers et je suivais le cours des valeurs. À chaque jour, je faisais des recherches sur les divers titres, options et contrats transigés. Et à la fin de chaque année, je faisais le total de toutes mes transactions et je constatais souvent avec désarroi, que j'avais fait très peu d'argent. Les seules personnes qui font des gains valables à la Bourse sont ceux qui placent leur argent dans les bons titres et qui oublient ensuite qu'ils ont fait le placement. Après plusieurs années, ils se rendent compte que leurs titres ont augmenté de valeur.

Le marché de la Bourse est rempli de spéculateurs, de joueurs et de profiteurs. Ils vivent sur le marché de la Bourse. Et il vous attendent à bras ouverts pour vous plumer allégrement. Vous devez vous lever tôt le matin si vous désirez les battre à leurs propres jeux. Ceux qui investissent dans des valeurs sûres et à long terme, ont la possibilité de tirer profit du marché de la Bourse.

8 octobre

ENTRE CIEL ET TERRE

Aujourd'hui, je suis entre ciel et terre. Je vois que mes idées et mes intentions trouveront éventuellement leur forme matérielle. Ça sera ainsi parce que je le dis. Et je le dis avec conviction, car j'ai la capacité de transformer mes rêves en réalité. Aujourd'hui, je vis entre les nuages et la mer bleue. Je vois que le futur me réserve des bonnes choses car je suis une personne d'action qui ose rêver et donner forme à mon imaginaire. Aujourd'hui, je vis entre le soleil et les montagnes et je vous dis que mes décisions sont remplies de force et de vigueur. Aujourd'hui, je vis entre la lune et les rivières. Mes intentions et mes idées sont des objets en mutation.

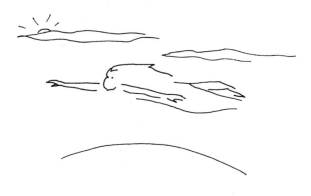

DEMANDER PARDON

«Nier sa responsabilité quand on a causé du tort à quelqu'un ne peut que renforcer le sentiment de culpabilité. Le meilleur moyen de se soulager, c'est d'endosser la faute pour ses actes, de demander pardon et de réparer les dommages causés.»

— Sharon Wegscheider-Cruse

Je suis un être formidable et je suis un être humain. Déjà, en disant cela, et en réalisant que je suis dans un processus de découverte et d'apprentissage, je réalise que l'erreur est possible. En prenant la pleine responsabilité de mes erreurs et, lorsque nécessaire, en demandant pardon pour les torts que j'ai causés, je garde la voie de mon développement libre d'obstacles et de culpabilité.

Aujourd'hui, je vois que j'ai la force et la conviction nécessaires pour reconnaître mes erreurs et demander pardon.

LES TESTS DE MARCHÉ

Les tests de marché doivent jouer un rôle important dans le développement de nouveaux produits et de nouveaux services. Les tests de marché nous permettent de cerner les goûts, les besoins et les attentes de la clientèle avant de procéder à la production et à la vente du produit. En faisant des tests de marché, je peux éviter de dépenser des sommes importantes sur un produit qui ne sera pas bien accepté. En testant le marché, je suis à l'écoute de la clientèle et je peux faire les ajustement nécessaires.

Aujourd'hui, avant d'investir des sommes importantes sur le développement de nouveaux produits et services, je fais des tests de marché. J'étudie la réaction de la clientèle au produit et j'évalue son potentiel de vente. En étant à l'écoute du marché, je joue gagnant et j'évite les erreurs coûteuses.

11 octobre

LA PREMIÈRE RÉACTION EST RAREMENT LA BONNE

À chaque jour, je constate que ma première réaction à un problème est rarement la bonne. Lorsque quelque chose ne va pas comme je le prévoyais, j'ai tendance à vouloir me disputer ou utiliser l'intimidation ou la colère pour redresser la situation. Mais cette forme de réaction ne sert qu'à empirer les choses. Donc, je me donne toujours un délai avant de réagir à ce genre de situation. Parfois, le délai peut être de quelques instants et d'autre fois, je me donnerai quelques jours avant de réagir. Ce délai me permettra de prendre un peu de distance et de reprendre mon sang froid. Après ma petite pause, je suis en mesure de voir plus clairement et de parler plus calmement.

LE TRAVAIL À LONG TERME

J'ai décidé que la réussite exige un travail à long terme. Bien sûr, je connais des victoires à chaque jour et je profite de mon succès au fur et à mesure, mais je sais que je veux davantage. C'est que j'aime bâtir. J'aime semer et voir les arbres grandir. J'aime voir les chose atteindre leur maturité. Avec les années, je me vois grandir et devenir plus sage. Avec les années, je me vois devenir plus lucide et plus serein. Avec le temps, je profite vraiment des choses que j'ai créées et j'ai le bon sens de les alimenter et de les laisser vivre.

Oui, je serai là demain. Oui, je serai là pour toi mon cher ami qui m'accompagne dans cette belle aventure qu'est la vie. Nous sommes des survivants toi et moi.

LA QUALITÉ DE VIE

*I*l doit exister un équilibre entre la réussite et la qualité de vie. Si je travaille sans cesse et ne prends pas le temps d'humer le parfum des roses comment puis-je affirmer que je suis sur la voie de la réussite? Réussir signifie tirer profit de chaque instant et établir un équilibre entre le travail dévoué et le plaisir enjoué. Je désire vivre ma vie pleinement et connaître toutes les bonnes choses qu'elle a à m'offrir. Je désire m'amuser en travaillant et rire de bon coeur avec mes amis et les membres de ma famille.

Aujourd'hui, je sais que lorsque la vie est devenue trop sérieuse, douloureuse et maussade, je m'éloigne de mon objectif de réussir. Avec ce signal, je change de cap et je décroche. Je sais qu'il est temps que j'aille m'amuser. Aujourd'hui, je comprends que la réussite naît de l'équilibre.

LE TRAVAIL AU NOIR

Nous devons travailler ensemble afin de trouver des solutions aux problèmes avec lesquels nos sociétés sont confrontées. Certains travailleurs se plaignent qu'ils payent trop de taxes et cherchent à cacher une bonne partie de leurs revenus du percepteur de taxes. Mais l'action de cacher ses revenus nous pousse à agir illégalement. De plus, lorsqu'on demande d'être payé au noir, on demande à notre employeur d'agir illégalement. Ce cercle vicieux vient créer un contexte malsain et défavorable à l'expansion économique et à la réussite personnelle.

Aujourd'hui, j'accepte de respecter les règles du jeu. J'accepte d'être un membre à part entière et d'être partie prenante de la solution et non du problème. Je sais que je devrai travailler encore plus fort pour atteindre mes objectifs financiers mais à la fin, je serai satisfait et je dormirai tranquille en sachant que j'ai fait ma part.

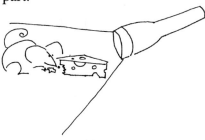

15 octobre

LE SILENCE EST PRÉCIEUX

*J*e me suis rendu compte qu'en affaires on doit savoir écouter et parler très peu. On doit pouvoir protéger les avantages et les acquis de notre entreprise en étant discret et en choisissant des collaborateurs qui savent employer un minimum de discrétion. L'entreprise doit être volubile par rapport à ses produits existants et muette par rapport à ses modes de fonctionnement, ses produits en développement et ses stratégies de développement de marché.

Aujourd'hui, j'écoute, je regarde et je me tais. J'ai appris avec le temps que le silence est d'or.

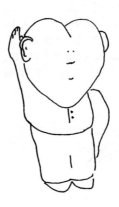

16 octobre

L'EXPORTATION

Nous, les francophones du monde entier, avons un seul espoir si nous voulons assurer la vitalité de notre culture: devenir des exportateurs agressifs. Nos marchés locaux sont, règle générale, très petits et envahis par les produits d'importation venant des États-Unis, du Japon ainsi que d'autres pays asiatiques. Notre style de vie et nos valeurs sont de plus en plus menacés et nous ne pouvons pas nous replier sur nous-mêmes. Nous devons cerner les enjeux et les grandes tendances commerciales et travailler non seulement pour conserver les acquis mais pour élargir nos marchés.

17 octobre

LA VISION DU CONSOMMATEUR

*L*e consommateur n'est pas dupe. Il est de plus en plus sélectif. Il cherche de plus en plus à trouver exactement ce qu'il recherche. Il se retourne rapidement et abandonne un produit qui ne correspond plus à ses besoins. Il fait des recherches, compare les prix, analyse la qualité et agit de moins en moins par habitude et par impulsion. Le consommateur est conscient de ses choix et de l'abondance des produits. Il est continuellement sollicité et est devenu indifférent aux diverses formes de sollicitation publicitaire. Il cherche à consommer moins et à augmenter sa qualité de vie. Il établit des priorités et en déroge de moins et moins.

Aujourd'hui, si je veux survivre et prospérer en affaires, je devrai faire beaucoup d'efforts. Je devrai savoir cerner avec précision ce que mon client recherche. Je devrai lui offrir des produits de qualité qui correspondent à ses attentes. Et, je sais que ses exigences serviront à me renforcer et à faire de moi un meilleur commerçant.

LES PETITS FOURNISSEURS

*L*a vitalité d'une économie peut être mesurée par le nombre de petits fournisseurs qui réussissent à faire de bonnes affaires. Je respecte et j'admire ceux qui, avec des ressources moindres, cherchent à gagner leur vie en fournissant des produits et des services de bonne qualité. Ces petits fournisseurs travaillent durement pour se faire une place et s'établir une clientèle. Je reconnais les efforts qu'ils mettent et donc je les paye promptement sur réception de la facture. Je cherche à contribuer à leur survie et à leur croissance en leur donnant du travail et en les encourageant dans leur efforts.

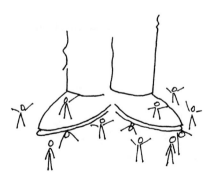

LES ARTISTES-CRÉATEURS

*O*n a tendance à sous-estimer le travail de l'artiste-créateur dans le monde de l'industrie et du commerce. Mais lorsqu'on regarde autour de nous, on voit l'importance de la création artistique. Le design, l'innovation, l'emballage, l'architecture et la mode, résultent du travail et de la valeur ajoutée de l'artiste-créateur. Il donne une forme aux idées, remplit le paysage visuel et tactile avec son sens de l'esthétique et son imagination. L'artiste-créateur nous apporte le vent frais de la nouveauté et de l'extraordinaire. Il contribue à rendre le monde intéressant et riche pour tous nos sens.

Aujourd'hui, je rends hommage aux artistes-créateurs qui touchent ma vie et contribuent à mon entreprise. Je leur dois tout mon respect et toute mon admiration.

20 octobre

*U*n bon gestionnaire sait travailler avec les gens et tirer le maximum de la synergie du travail de groupe. Le bon gestionnaire est prévoyant et peut anticiper les conséquences de telle ou telle action. Un bon gestionnaire est diplomate. Il sait comment approcher les situations difficiles. Un bon gestionnaire n'a pas peur de confronter les problèmes et sait trouver des solutions pratiques. Un bon gestionnaire respecte ses engagements et ses rendez-vous. Un bon gestionnaires sait compter et sait faire l'allocation des ressources. Un bon gestionnaire est compréhensif mais ferme. Il sait établir des limites. Un bon gestionnaire est discipliné. Il sait comment fournir un effort constant pour obtenir les résultats voulus. Un bon gestionnaire sait comment encourager et complimenter les membres de son équipe. Il sait aussi que tous ont leur part de responsabilité et doivent contribuer équitablement au travail et à la réussite de l'organisation.

Aujourd'hui, je salue et je lève mon chapeau à tous les bons gestionnaires. Je vois que le succès de l'industrie, du commerce et du gouvernement dépend de leurs efforts et de leur intention de faire aller les choses.

LA FONCTION PUBLIQUE

Nous avons développé toute une image perverse de ce que font nos fonctionnaires. On les imagine en train de prendre de longues pauses-café ou de regarder les nuages par la fenêtre pendant que nous travaillons à la sueur de notre front pour gagner notre vie. Le ressentiment naît peut-être du fait que nous payons des impôts sans avoir le sentiment ou la certitude que nous recevons quelque chose en retour. Nous voyons les fonctionnaires comme étant une jolie bande de parasites qui nous piquent notre avoir. Cette perception est totalement fausse.

Selon mon expérience, les fonctionnaires de l'État travaillent durement pour gagner leurs salaires. Ils sont accablés de responsabilités au sein d'une énorme bureaucratie qui encourage très peu l'initiative et offre peu d'autonomie. Le problème ne réside pas chez les fonctionnaires mais dans la nature même de la bureaucratie étatique qui est devenue trop énorme et trop complexe. Heureusement, nous assistons maintenant à la réduction progressive de cette bureaucratie.

22 octobre

LES SYNDICATS

*A*u cours des dix dernières années, nous avons constaté en Amérique, un affaiblissement du pouvoir des syndicats. Les entreprises avaient atteint un point tel de non rentabilité et de non efficacité qu'elles ont dû fermer de nombreuses usines et mettre à pied des centaines de milliers d'employés syndiqués. Pendant un certain temps, le travail a émigré vers les pays où les syndicats étaient quasi inexistants. Aujourd'hui, l'Amérique vit une période prolongée de prospérité sans inflation. Les usines reviennent et le travail reprend. Pourquoi? Parce que les entreprises doivent pouvoir dégager des bénéfices suffisant pour assurer leur croissance. Le contexte doit leur permettre de se développer.

L'organisation des employés est certes une bonne affaire pour mettre un frein à l'injustice et à la sur-exploitation. Mais dans le contexte actuel de forte concurrence internationale, les employés doivent travailler avec la gérance afin d'atteindre une plus grande efficacité productive.

23 octobre

Chaque personne est un modèle. Il y des modèles qui exhibent des vertus authentiques telles le courage, la bienveillance, la charité, la compétence et la compassion. Ils y a d'autres modèles qui projettent, de par leurs attitudes, leur apparence et leurs comportements, des attributs moins sains tels la lâcheté, l'avarice, la violence, la perversion ou l'indifférence. Nous sommes des êtres sociaux. Nous côtoyons d'autres êtres qui peuvent être influencés. Ils regardent autour d'eux et voient tous ces modèles. Ils ont à choisir eux-mêmes quel sera leur rôle et leur modus vivendi. Mais je peux peut-être avoir une influence favorable en étant un modèle qui projette des valeurs positives.

Aujourd'hui, je comprends que je suis un modèle pour les gens qui m'entourent. Je tente donc, de par mes attitudes et mes comportements, d'exercer une influence positive sur les autres.

VOULOIR RÉUSSIR

*A*ujourd'hui, je comprends que je dois vouloir réussir. Réussir est un acte de volonté et pas un effet du hasard. Réussir ce n'est pas gagner à la loterie ou hériter d'une somme d'argent d'un oncle à l'aise; c'est le sens d'accomplissement et de fierté que l'on a lorsqu'on a bien travaillé pour atteindre un but qu'on s'est fixé. Réussir, c'est affronter toutes les barrières et tous les désaccords autour de nous pour réaliser nos objectifs les plus chers. Réussir, c'est se battre pour garder quelque chose d'acquis à la sueur de notre front. Réussir, c'est utiliser à profit notre intelligence et notre créativité pour servir notre famille, notre communauté et notre nation

Aujourd'hui, je veux réussir car en parcourant ce chemin vers la réussite, je me découvrirai.

LES ENFANTS ET LE TRAVAIL

Les enfants adorent le travail. Ils aiment particulièrement travailler avec leurs parents. On peut facilement voir qu'ils veulent aider. On peut parfois trouver que leurs efforts servent plutôt à ralentir l'opération mais je crois qu'on doit être patient et les encourager. Nos enfants auront à faire leur chemin dans la vie et à découvrir la valeur du travail. C'est une leçon importante qu'ils peuvent apprendre à la maison.

Aujourd'hui, j'accueille l'aide de mes enfants. Je les aide à m'aider. Je leur montre comment fabriquer des choses et je les laisse participer. J'aime voir les enfants qui participent et cherchent à faire leur part.

26 octobre

ACCORDER LA JUSTE VALEUR

*L*es économistes parlent souvent de la loi de l'offre et de la demande. Lorsqu'on tente de déterminer le prix de tel ou tel chose, on peut voir que la loi de l'offre et de la demande peut nous fournir une explication. Plus une chose est en demande plus son prix peut être élevé car à un moment donné la demande surpasse les capacités de fournir ce produit, c'est-à-dire l'offre. Plus un produit est rare et en demande, plus son prix pourra être élevé. La loi de l'offre et de la demande fonctionne de la même façon sur le marché du travail. Lorsqu'il y a un grand nombre d'ouvertures et très peu de personnes pour remplir ces postes, l'employeur devra payer un salaire plus élevé pour attirer la main d'oeuvre. Aujourd'hui, nous sommes face à une situation où il existe un grand nombre de travailleurs pour un petit nombre de postes à combler. Ceci a pour effet de réduire le salaire que l'employeur est disposé à payer car l'offre dépasse largement la demande.

Évidemment, il y a beaucoup d'autres facteurs qui influencent les prix sur le marché, mais la loi de l'offre et de la demande nous permet de comprendre la dynamique fondamentale du prix.

27 octobre

PROTÉGER SA RÉPUTATION

*O*n doit mettre des années pour se bâtir une bonne réputation. Et elle peut être détruite en quelques instants. Notre réputation, c'est l'image que les gens se font de nous. On doit mettre beaucoup de temps et d'efforts pour bâtir une image de confiance, de compétence et de fiabilité. Une bonne réputation vaut sont pesant d'or et on doit la protéger et la nourrir tout au long de notre carrière en faisant les bonnes choses.

Aujourd'hui, je connais la valeur d'une bonne réputation, donc, je m'efforce de la protéger en travaillant honnêtement et consciencieusement. Je ne me laisse pas emporter par l'impulsion du moment, mais j'agis sérieusement et de manière responsable.

28 octobre

LA SATISFACTION EST SUR LE CHEMIN

*A*ujourd'hui, je me rends compte que la réussite n'est pas dans l'aboutissement mais réside dans le chemin qui mène à l'aboutissement. Je réussis lorsque je suis heureux dans mon travail de tous les jours. Je réussis lorsque je donne le maximum de moi-même et que j'accomplis ce que j'espérais. La joie ne vient pas au bout du chemin mais sur le chemin lui-même. Je suis déjà rempli d'un sens de satisfaction et de fierté car je chemine sur la route que j'ai moi-même choisie.

PRENDRE LA PLEINE RESPONSABILITÉ DES PROBLÈMES

*L*es problèmes affichent une toute autre allure lorsqu'on est prêt à en prendre la pleine responsabilité. L'attitude qui fait avancer les choses c'est de croire qu'il n'y a aucun problème qui ne puisse être réglé; autrement dit, quoi qu'il advienne, je m'en occupe.

Aujourd'hui, je sais que je serai en mesure de résoudre n'importe quel problème. Je ne serai pas intimidé par les problèmes mais au contraire, je les utiliserai pour me renforcer. Aujourd'hui, il n'y a aucun problème, seulement des solutions.

PRÉPAREZ VOS MOUCHOIRS

«Les sentiments habitent en nous comme une rivière et traversent notre conscience comme un courant sans fin. Ils passent à travers la crainte, la tristesse, la honte et la colère pour se transformer en joie, en délice, en exubérance, en enjouement. À tout moment, nous pouvons toucher et découvrir ce que nous ressentons. En affirmant nos sentiments, nous les transformons en langage audible et nous découvrons l'articulation des émotions constamment sous-jacentes dans notre vie.»
— Daphne Rose Kingma

Comme des vagues sur la plage, les sentiments viennent et puis repartent. Je ne reste pas accroché à un sentiment en particulier, je le laisse venir et puis repartir. Parfois, je me sens triste, mélancolique ou en colère. Ces sentiments arrivent tout d'un coup et je les laisse apparaître et puis repartir sans trop m'en préoccuper. Et lorsqu'ils repartent, je redeviens calme. J'ai appris à ne pas résister aux sentiments. Je les accueille. Je leur souhaite la bienvenue.

CES GENS QUI APPUIENT NOTRE RÉUSSITE

*A*ujourd'hui, je rends hommage à tous ces gens qui appuient ma réussite. Je rends hommage à ma famille qui est là pour m'aimer et m'encourager. Je rends hommage au facteur qui livre les lettres et les colis le matin au bureau. Je rends hommage aux gens qui déblayent la neige sur les routes et me permettent de me rendre au travail sain et sauf. Je remercie les membres de mon équipe qui travaillent avec moi tous les jours. Je rends hommage aux clients qui achètent mon produit et contribuent à la croissance de mon entreprise. Je félicite vivement tous ces gens, petits et grands, qui n'ont aucune objection à ce que je réussisse et qui sont là pour me donner un coup de main lorsque j'en ai besoin.

LA CITÉ LOINTAINE

Voilà la douce lumière de l'aube
Qui apporte avec elle son message
d'espoir et de joie

Voilà le matin qui pointe timidement
son beau visage doux
Et ces sommets brumeux qui percent
tranquillement la lumière

Me voilà et j'ouvre les yeux
sur un jour nouveau
Et je perçois pour la première fois
l'horizon et la cité lointaine

Voilà mes mains déjà prêtes
à toucher, à sentir, à bâtir
Cette nouvelle vie qui s'offre à
moi aujourd'hui

L'ACCÈS AU CRÉDIT

Nous sommes parfois surpris de voir le nombre de faillites personnelles et commerciales qui surviennent chaque année. Notre système permet à ceux qui ne sont pas en mesure de rencontrer leurs obligations financières de liquider leurs actifs et de passer l'éponge sur toutes les dettes qu'ils ont encourues. On peut voir dans la déclaration de faillite une méthode rapide et moins pénible de s'en sortir et de pouvoir recommencer à nouveau.

Mais la faillite personnelle a un impact négatif sur tous les gens qui ont collaboré avec nous et sur la société dans son ensemble. On doit éviter à tout prix ce genre de situation en faisant une gestion saine de nos affaires. On doit être en mesure de prévoir les coups et de mettre de côté des réserves financières. L'échec financier a un effet à long terme non seulement sur notre accès au crédit, mais surtout, sur notre réputation et notre capacité future de réussir.

Aujourd'hui, je sais que pour réussir, je dois protéger mon accès au crédit en remboursant mes dettes et en faisant une bonne gestion de mes dépenses.

CÉLÉBRER LA COMPÉTENCE

Quelqu'un de compétent suscite l'admiration. Je ne me lasse pas de regarder travailler un artisan expérimenté. Quand j'étais plus jeune, nous allions dans une grande fête de village qui s'appelait précisément *La fête des vieux métiers*. Durant tout le week-end, le village et ses habitants remontaient dans le temps et fêtaient le bel ouvrage. Des gens de métier arrivaient des quatre coins du pays: charpentiers, menuisiers, cordeliers, vanniers, potiers, verriers, etc. Ils reproduisaient les gestes traditionnels qu'ils avaient eux-mêmes appris de leurs aînés. Je me rappelle que c'était un plaisir pour les yeux. Leur habileté et la maîtrise qu'ils démontraient éveillaient l'admiration des visiteurs.

Non par orgueil mais plutôt par fierté, je veux que mon travail éveille ce respect. Moi-même, quand je regarde un ouvrage que je viens de terminer, je veux pouvoir éprouver la satisfaction du devoir accompli. Je ressens d'ailleurs la responsabilité dans tout ce que j'entreprends. Car si on ne peut pas toujours faire ce que l'on aime, on a cependant le choix d'aimer ce que l'on fait. C'est un peu une question d'honneur. En acceptant de faire un travail, peu importe lequel, je m'engage à produire ce qu'on attend de moi.

LE PLAISIR ET LA SÉCURITÉ

*J*e me suis rendu compte que la majorité des gens vivent entre le plaisir et la sécurité. Lorsqu'ils sont jeunes, ils optent surtout pour le plaisir en gardant un oeil sur la sécurité. En vieillissant, ils optent pour la sécurité, tout en gardant un oeil sur le plaisir. C'est comme si le plaisir ou la sécurité existaient à l'extérieur d'eux et pourraient un jour disparaître; alors là, il ne resterait que la tristesse et la faim. Mais le plaisir et la sécurité existent en nous!

Je n'ai pas peur de prendre des risques bien calculés, car je sais que je pourrai toujours me relever. Je n'ai pas à me préoccuper si mes enfants auront à manger car je sais en moi que quoi qu'il advienne, ils seront toujours bien nourris. Je ne crains pas de perdre ce que j'ai accumulé, le monde est rempli de toutes sortes de choses qui cherchent à être accumulées. Aujourd'hui, je vis dans le plaisir et dans la sécurité.

5 novembre

LE DÉBUT D'UNE NOUVELLE AVENTURE

*A*ujourd'hui, c'est le début d'une nouvelle aventure. Je décide de repartir avec l'intention de créer et de bâtir. Je sais que je possède en moi tous les talents et toutes les ressources pour réussir. Je mets derrière moi les erreurs du passé et je regarde droit devant, vers un avenir plus glorieux et plus excitant.

Aujourd'hui est un nouveau jour. Un jour rempli d'espoir et de possibilités. J'accueille à bras ouverts cette nouvelle journée et cette nouvelle vie qui s'amorce. J'ai décidé de travailler encore plus fort et plus intelligemment pour atteindre les objectifs que je me suis fixés. J'ai aussi décidé d'intégrer des valeurs fondamentales d'intégrité, d'honnêteté et de compétence car je reconnais que c'est la voie vers le succès.

6 novembre

OUVRIR SON COEUR

«Celui qui ne correspond pas à l'image que l'on se fait de qui mérite d'être aimé - la mendiante dans le parc, le drôle de zigoto qui roule sur un tricycle décoré de fanions -, est justement celui qui, ne cadrant pas dans nos idées préconçues, nous force à élargir notre champ de vision et notre capacité d'aimer. Voyez si vous pouvez ouvrir votre coeur, non seulement à ceux à qui vous pouvez donner sans effort, mais à ceux qui en ont aussi besoin.»

— Daphné Rose Kingma

Quand je regarde nos sociétés contemporaines, je suis peiné de voir qu'on a beaucoup perdu au chapitre de la bienveillance et de l'aide. Les courants de pensées modernes prônent l'individualisme. Pourtant, encore aujourd'hui, lorsque j'agis avec bienveillance auprès de mes amis, collègues ou autres, j'éprouve cette sensation de bien-être et de joie. Je dirais même que je ne me sens jamais aussi bien qu'après avoir donné un coup de main à quelqu'un.

7 novembre

CONNAÎTRE SES DROITS

J'ai compris que si je désirais me frayer un chemin dans le monde d'aujourd'hui, je devais connaître mes droits. Nous vivons dans un monde de règlements, de lois et de responsabilités civiles. Nous avons des responsabilités en tant qu'employeurs, employés, chefs de famille, membres de la communauté et citoyens; et nous avons aussi des droits. Les droits les plus fondamentaux doivent être de pouvoir vivre en paix, gagner équitablement sa vie et s'exprimer librement. Généralement, ces droits fondamentaux sont respectés mais nous devons toujours chercher à les préserver et à les renforcer, une fois acquis.

À l'ère des grosses bureaucraties, des grandes entreprises et de l'indifférence sociale, on peut rapidement se sentir brimé dans ses droits.

Aujourd'hui, je prends le temps de connaître mes droits. Pour réussir, je dois être libre de travailler, de gagner ma vie et d'élever ma famille en paix et en harmonie. En connaissant mes droits, je peux m'affirmer et prendre ma place légitime au sein de la société, sans crainte ni menace de répression ou de violence.

8 novembre

PERDRE PIED

*L*orsqu'on tente d'aller de l'avant et de progresser vers une meilleure vie on peut parfois connaître des moments difficiles. Un événement peut survenir qui nous fait perdre pied. Ces renversements soudains sont plus fréquents lorsqu'on débute une entreprise ou un projet, mais ils peuvent également se produire au sein d'une entreprise déjà bien établie.

Face à ces situations qui mettent en péril la survie même de notre organisation, il nous faut conserver une attitude de sang froid. On doit se relever et combattre. On ne doit pas s'apitoyer sur notre sort et espérer que la situation se replace d'elle-même. On doit agir vigoureusement pour redresser la situation et employer toutes nos ressources pour rétablir l'équilibre.

Aujourd'hui, je sais que j'aurai à affronter des difficultés sur mon chemin vers le succès. Lorsque ces situations difficiles se présenteront, je serai prêt à les affronter. Plutôt que d'assigner un tort, je chercherai la ou les solutions les plus efficaces aux problèmes.

JE RÉCOLTE LES FRUITS DE MON TRAVAIL

«Toute personne qui a la volonté de travailler pour parvenir à l'estime de soi mérite grandement cette estime et toutes les bonnes choses qui en découlent.»

— Sharon Wegscheider-Cruse

Je récolte les fruits de mon travail et de ma persévérance. Je peux me féliciter pour le beau travail que j'ai accompli et prendre plaisir au fait que je suis maintenant la personne que je veux être. Ce n'est pas tellement dans l'accomplissement matériel que je regarde pour trouver ma satisfaction, mais dans mon coeur. Je peux me faire confiance maintenant.

VIVRE TOUTES LES EXPÉRIENCES

*A*ujourd'hui, je suis ouvert à toutes les expériences. Je suis disposé à les vivre toutes. Je sais que je n'ai rien à craindre et rien à fuir et que je peux me faire confiance sans réserve. Je sais aussi que les zones et les expériences auxquelles je résiste me possèdent et me pourchassent. Aujourd'hui, j'arrêterai de fuir et j'accueillerai toutes les expériences et tous les aspects de ma vie.

J'accueille maintenant tous mes sentiments. J'ai appris que les sentiments auxquels je résiste finissent par me posséder et me dérangent alors encore plus. Je suis capable d'avoir des sentiments et de les exprimer librement en compagnie d'amis. Dans le mot émotion, il y a le mot motion. Lorsque je tente de freiner ou d'arrêter le mouvement naturel de mes émotions, j'emprisonne l'énergie à l'intérieur de moi. Je dois laisser libre cours à mes émotions.

11 novembre

S'ACCEPTER SANS RÉSERVE

«Je dois m'accepter progressivement comme je suis — sans cachette, sans déguisement, sans fausseté et sans rejet d'aucune facette de moi-même — et sans jugement, sans condamnation ou dénigrement d'aucune facette de moi-même.»

— Retrouver l'harmonie en soi

Il y a eu un moment dans ma vie où je ne pouvais plus vivre pour les autres ou en fonction de l'approbation des autres. Il y a eu un moment où j'ai compris que je devais m'accepter et m'accueillir comme je suis pour pouvoir poursuivre mon évolution. C'est en m'acceptant tel que je suis que je peux vivre en harmonie. C'est en me prenant par la main et en me souhaitant la bienvenue que je peux être heureux.

Je suis un être de grande valeur. Je peux m'aimer. Je peux me gâter et me dorloter. Je peux me donner la permission de vivre, de rire et de m'amuser. Je peux faire des choix qui contribueront à mon bien-être et à mon épanouissement. Je peux apprendre, grandir et me transformer. Je mérite une vie remplie d'amour, de joie et de plaisir. Je mérite de réussir dans tous les domaines de ma vie. Je suis un être d'une grande valeur.

12 novembre

LA TRANSFORMATION

«Quand nous sommes en transformation, nous transformons notre conscience et notre éveil. Nous passons d'une réalité à une autre mais en la vivant cette fois. À travers ce genre de changement, nous grandissons et transcendons vers le haut, à des niveaux élevés, puissants, paisibles de notre être. En même temps que nous expérimentons plus de puissance personnelle et la possibilité d'autres choix, nous commençons aussi à prendre nos responsabilités afin que notre vie fonctionne.»

— Charles L. Whitfield

Aujourd'hui, je me donne tous les outils et tout le support qui me seront nécessaires pour poursuivre et pour réussir ma transformation. J'ai senti dans mon for intérieur que j'allais devoir aller de l'avant parce que je ne pouvais plus accepter la vérité ou la vie d'autrui. Je sais que la transformation est une remise en question mais je suis capable d'assumer ce défi puisqu'elle me mènera vers des sentiers nouveaux, vers le bonheur et la sérénité.

Aujourd'hui, j'accepte la transformation. J'accepte de devenir l'être que je suis véritablement. Je suivrai mon propre chef et j'atteindrai cette sérénité que je cherche depuis toujours.

LA COMMUNICATION EN AFFAIRES

*U*n nombre incroyable d'erreurs sont commises à chaque jour dans le monde des affaires par manque de communication. Les gens écoutent à peine ce qu'on leur dit. Ils ne lisent pas ce qui est écrit sur les documents qu'ils reçoivent. Ils oublient de communiquer des informations importantes. De nombreux conflits émanent du manque de communication et de l'absence de duplication des informations transmises. Je vois l'importance de la communication dans mon travail de tous les jours et j'accepte de communiquer avec intention et pleine conscience.

Aujourd'hui, je travaille pour améliorer les communications. Je parle et j'écris clairement. Je m'informe pour savoir si les gens ont bien compris mon message. Je répète ce qui m'a été dit afin d'être sûr que j'ai bien compris.

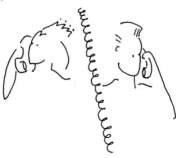

LA CIVILITÉ

*«Ne nous satisfaisons pas simplement de faire
don d'argent. L'argent ne suffit pas; l'argent
peut se trouver. Ils ont plutôt besoin de vos
coeurs qui les aiment. Propagez l'amour sur
votre chemin!»*

— Mère Thérésa

L e mot civilité réfère à la courtoisie, la
politesse. Il fait d'ailleurs partie d'une
famille de mots dans laquelle nous
retrouvons civilisation. La civilisation est, par
définition, à l'opposé de la barbarie. Elle
implique des règles communes sur lesquelles
la plupart des gens qui la compose sont d'accord. Civilité et civilisation sont donc intimement liées. Il est tout à fait remarquable de
constater que l'effritement de la société est
plus ou moins relié au déclin de civilité. C'est
comme si notre monde était passé d'une discipline rigide et parfois extrême, à un laisser-
aller décadent.

Aujourd'hui, je vois que la civilité doit
être présente dans tous mes rapports. Je veux
vivre de façon noble et courtoise. Je veux
vivre et travailler en paix, alors j'intègre la
civilité dans ma vie de tous les jours.

15 novembre

LA RESPONSABILITÉ

*A*vec le temps, j'en suis venu à comprendre que la responsabilité n'est pas un fardeau ou une épreuve. La responsabilité est plutôt ma capacité d'accepter, de recevoir et d'avoir. Je vois également qu'au fur et à mesure que j'accepte la pleine responsabilité de moi-même, de mes actions et des choses qui surviennent dans ma vie, j'augmente ma confiance, mes capacités et ma maîtrise sur ma vie.

Lorsque j'accepte d'être la source, le point d'origine de tout ce que je vis, je deviens responsable et alors, absolument rien ne m'échappe.

16 novembre

JE COMPLÈTE MES PROJETS

«Le premier secret de l'efficacité consiste à entretenir une franche répulsion pour l'inachevé. L'inachevé est un dévoreur d'énergie, un sabreur d'efficacité. L'accepter passivement, c'est comme laisser à l'ennemi l'occasion de s'infiltrer dans tes positions, de gagner du terrain. Bientôt, toute action sera paralysée.»

— François Garagnon

Le chemin de la réussite et de l'estime de soi passe par des cycles complets d'action. Lorsque je laisse quelque chose d'incomplet dans ma vie, j'en ressens les effets. Alors, je m'habitue à toujours compléter mes projets. Si je sens, dès le départ, que je ne serai pas en mesure de compléter un projet, je ne l'entame tout simplement pas.

Dans le passé, je n'ai pas toujours complété tous les projets que j'ai entrepris. J'avais toujours une bonne raison pour abandonner un projet: manque de temps, manque d'argent, manque d'intérêt, etc. Mais à présent, je vois que le chemin de la réussite et de l'estime de soi passe par des cycles complets d'action.

APPROFONDIR UNE RELATION

Les relations à long terme sont importantes dans la réussite personnelle. Avec le temps, on en vient à vraiment pouvoir compter sur l'autre et à savoir comment l'autre réagira à telle ou telle situation. Il existe une relation de confiance fondée sur l'expérience, la communication et le respect. Les attentes de l'un et de l'autre sont maintenant connues et ne font pas obstacle dans les négociations. La relation à long terme est synonyme de stabilité.

Aujourd'hui, je protège et je nourris mes bonnes relations. Je désire développer des relations qui pourront s'améliorer et s'approfondir avec le temps. Côté pratique, une relation bien établie requiert moins de temps car le travail de s'expliquer et de se comprendre a déjà été fait. Un fournisseur de longue date nous fait confiance pour payer la note et nous savons que le produit final sera de qualité.

AIMER L'ACCOMPLISSEMENT

*P*our réussir on doit aimer l'accomplissement. On doit aimer mener un projet
jusqu'au bout et aimer toutes les étapes
de sa réalisation. On doit aimer vouloir initier
et voir prendre forme notre initiative. On peut
voir dans l'accomplissement et dans le travail
bien fait, une manifestation de soi-même dans
le monde matériel.

Aujourd'hui, j'aime l'accomplissement. J'aime ce que j'accomplis à chaque jour
sur le chemin vers la réussite. J'aime les jours
où je dois aller encore un peu plus loin en me
dépassant et en me donnant pleinement. Mon
travail ce n'est pas un travail, c'est ma vie.

FAIT À LA MAIN

«Je suis laveur de vitres et j'ai une affection particulière pour les fenêtres que je nettoie. Je connais leur personnalité individuelle, leurs dépôts minéraux, les mauvais joints et les trous percés par des carabines à plomb. Je fais disparaître le moindre gâchis d'abeille, les marques de visites de mouches et d'oiseaux dans «mes» fenêtres, ainsi que tout dommage infligé par les peintres. J'apporte mes cisailles et je taille les arbustes et les plantes qui osent interférer avec mes fenêtres. En faisant ma tournée, j'éprouve beaucoup de satisfaction à voir mes vitres scintiller au soleil.»

— Les plaisirs de l'âme

Aujourd'hui, je vois qu'en travaillant de mes mains, je retrouve mon harmonie intérieure. En faisant un travail simple, ma vie elle-même devient plus simple et plus limpide. Les tracas disparaissent et je retrouve ma joie et mon bonheur. Trop souvent, on associe la réussite avec le travail professionnel et l'opulence matérielle. Aujourd'hui, j'éprouve beaucoup de satisfaction et un sens d'accomplissement lorsque je travaille de mes mains. L'harmonie intérieure qui vient avec l'accomplissement d'un travail bien fait est la forme première du succès personnel.

JAMAIS BRÛLER LES PONTS

Pour un instant, j'ai tourné la tête
Et j'ai vu ces ponts brûler derrière moi

Pour un instant, j'ai ouvert les yeux
Et j'ai vu mes camarades déchus
La triste déception dont j'étais l'auteur

Pour un instant, j'ai pris conscience
Et j'ai su que la vie sans pont était une île

Aujourd'hui, je suis un bâtisseur de ponts

Aujourd'hui, je suis un traversier
Qui franchit les vagues vers toi, cher ami

L'ACTION VERTUEUSE

*I*l y a dans les attitudes et les comportements vertueux une logique supérieure, un chemin qui mène directement vers la sérénité, la liberté et la réussite. Mais en cours de route, nous avons oublié ou perdu de vue la valeur inhérente aux vertus. Nous avons vu dans la bonté, la bienveillance, la compassion ou la galanterie quelque chose de dépassé ou d'archaïque, qui ne correspondait plus à la vie moderne. Mais les vertus ne seront jamais dépassées, car elles indiquent la voie du salut, de la divinité et du succès. Les attitudes et les comportements vertueux sont autant de manifestations palpables de l'être véritable, autour duquel ils semblent créer une aura de lumière resplendissante.

Aujourd'hui, je sais que l'action vertueuse est en elle-même porteuse du succès. L'action vertueuse porte en elle la semence du succès car elle trace un chemin du coeur vers le monde matériel de la concrétisation, du monde subtil de l'esprit au monde concret des manifestations.

22 novembre

L'ÉCOUTE

«Ça prend une oreille en or, vide, pour enten-
dre clairement.»

— M.C. Richards

*P*our moi, l'écoute est une vertu. L'écoute signifie être à l'écoute des autres, pouvoir recevoir, entendre et comprendre la communication de l'autre. Cette ouverture à la communication est à la base de toute collaboration, de toutes relations. Alors aujourd'hui, je développe mon écoute. Je suis attentif à la communication qui m'est livrée. Je suis réceptif et je crée des ouvertures qui permettent aux gens d'être en communication avec moi. De cette façon, je peux vaincre l'isolement et partager ma vie.

23 novembre

LE STRESS

*L*orsque l'on tente de se frayer un chemin vers la réussite, on peut vivre des moments de stress particulièrement aigus. Les problèmes financiers, les délais à rencontrer, les erreurs de production ou de gestion, les conflits personnels ou entre collègues de travail, les cycles économiques qui menacent la survie même de l'entreprise ou les vérifications fiscales qui peuvent bouleverser le fonctionnement du bureau ne sont que quelques exemples de situations stressantes qui peuvent affecter un individu. Il est difficile de se sentir bien lorsque l'on est préoccupé et stressé.

Pour moi, il n'y a pas de solution miracle au stress. La pire réponse au stress, par contre, est l'utilisation de l'alcool et de drogues pour tenter d'amoindrir l'anxiété qui peut accompagner les expériences stressantes. J'ai trouvé qu'il était plus utile de tenter de résoudre les problèmes qui provoquent les sentiments d'angoisse et de stress en gardant toutes ses facultés et en s'occupant bien de soi-même. La vie est remplie de situations plus ou moins stressantes. Je dois développer ma capacité de travailler avec le stress tout en étant bon envers moi.

J'APPROFONDIS MES CONNAISSANCES

La clef de mon succès réside dans l'approfondissement de mes connaissances. La curiosité est la source de l'invention et de la découverte. Je sais que je dois faire mes propres recherches et trouver mes propres réponses. Plus je cultive mes connaissances, plus je les applique pour augmenter ma performance et la qualité de mon travail, plus je me réalise. Je me rends compte que l'éducation ne se limite pas à l'instruction formelle dans les écoles. Je dois chercher à parfaire mes connaissances tous les jours et pendant toute ma vie.

Aujourd'hui, j'approfondis mes connaissances. Je suis venu ici pour apprendre et pour grandir. Je sais qu'en apprenant, en cultivant mes connaissances, je me réalise. Je n'attends pas les réponses toutes prêtes des experts et des gourous, je vais faire mes recherches moi-même. Je vais évaluer les données moi-même, car je suis à la recherche de ma vérité.

L'INTÉRÊT

*V*ous avez sans doute entendu l'expression: «La faim vient en mangeant». Alors moi je dis: «Le goût du travail et l'intérêt qu'on y porte viennent en travaillant». Les gens qui n'aiment pas leur travail ne sont pas ceux qui travaillent durement, ce sont ceux qui sont oisifs. La bureaucratisation et la division du travail nous ont laissé des emplois parfois très répétitifs et monotones. Mais étant donné que l'individu se réalise dans son travail, il doit chercher un emploi qui puisse combler ses aspirations et lui permettre de s'accomplir.

LE SUPPORT AFFECTIF

«Nul ne peut vivre qu'en fonction de lui-même. Des milliers de fibres nous lient à nos frères; parmi ces fibres, telles des liens de sympathie, nos actions se transmuent en causes et nous reviennent sous forme d'effets.»
— Herman Melville

Je peux accepter l'aide et le support affectif des autres. Je ne serai pas en mesure d'atteindre mes objectifs sans l'aide et le support affectif des autres. C'est vrai, j'ai vécu de mauvaises expériences qui m'ont porté à croire que demander de l'aide est un signe de faiblesse et qu'il peut même mener à la trahison ou à l'exploitation. Mais en réalité, il y a des êtres qui sont dignes de confiance et je peux accepter leur appui.

Je suis disposé à recevoir l'aide des autres, de la même façon que je suis disposé à offrir mon aide et mon soutien affectif.

27 novembre

RÉUSSIR DANS TOUS LES DOMAINES

*I*l ne suffit pas que je réussisse sur le plan matériel et financier. Je dois chercher à réussir dans tous les domaines de ma vie. Comment puis-je vraiment profiter de mes succès professionnels si ma vie affective est tumultueuse ou sans joie. Comment puis-je vraiment profiter de ma vie familiale si je mine ma santé avec des excès d'alcool ou de drogues? Comment puis-je me sentir fier de mes accomplissements s'ils sont fondés sur les mensonges et la supercherie?

Aujourd'hui, je cherche à atteindre l'équilibre dans tous les aspects de ma vie. Je fais le bilan et je constate les lacunes qui doivent être comblées. Ensuite, je mets sur pied un plan d'attaque afin d'améliorer les choses qui me tracassent. Parfois, on doit faire quelques petits changements afin de se sentir bien dans une situation. L'équilibre ne demande pas nécessairement le bouleversement mais plutôt une approche sensible et graduelle.

28 novembre

PENSER "GAGNANT-GAGNANT"

*J*e suis maintenant persuadé que la réussite exige une approche fondée sur le principe du "gagnant-gagnant". Dans une transaction, une relation ou une affaire, chacun doit trouver ce qu'il recherche. Si la situation est fondée sur un trop gros avantage pour l'une des parties au détriment de l'autre, de l'insatisfaction et de la rancune résultera. Je cherche à structurer toutes mes interactions sur le principe "gagnant-gagnant". Évidemment, ce n'est pas toujours possible d'établir un parfait équilibre entre les attentes mais l'intention de satisfaire toutes les personnes impliquées permet d'éviter de nombreux tracas.

Aujourd'hui, je sais qu'en agissant selon le principe "gagnant-gagnant", je serai en mesure de bâtir des relations valables à long termes. Pour le faire, je dois pouvoir être ferme et souple à la fois: je dois trouver un heureux compromis entre ce qui est essentiel pour moi ainsi que pour l'autre.

AVOIR RAISON OU AVOIR TORT

*L*a plupart des conflits émanent du fait qu'on croit avoir raison pendant que l'autre a tort et vice versa. Chacun est braqué sur sa position et ne veut pas céder. La réussite exige une approche beaucoup plus souple et consciente. Rares sont les personnes qui aiment se faire dire ou même admettre qu'elles ont tort. C'est une question de fierté personnelle. Et personne n'apprécie d'être obligé de plier à la domination ou à la critique. Lorsque je suis face à ce genre de situation, je tente de bien cerner le point de vue de l'autre sans l'invalider. Ensuite, je tente avec une approche amicale, de faire voir ma position. Avec un peu de recul, la majorité de ces conflits peut être réglée. Si toutefois après le dialogue chacun se sent obligé de rester sur sa position, on ne peut qu'offrir notre respect.

Aujourd'hui, je m'efforce à respecter le point de vue et l'approche de l'autre. Je tente de voir les choses de son point de vue et je lui présente le mien de façon non-intimidante. Si après discussion, l'autre est encore persuadé qu'il a raison, je cherche à respecter son point de vue.

LAISSER PARLER LE CLIENT

La majorité des vendeurs ne se rendent pas compte qu'ils parlent trop. C'est naturel de vouloir tenter de convaincre, rassurer, faire la conversation et établir une relation amicale avec le client. Mais je me suis rendu compte que je devais laisser parler le client. Je vois deux avantages principaux à laisser le client s'exprimer pendant que j'écoute: 1) je serai en mesure de mieux évaluer ses besoins et ses attentes en vue de lui proposer le bon produit ou la bonne solution; 2) je donne le moins d'informations gratuites sur mes propres activités commerciales et j'évite ainsi de me faire supplanter par la concurrence.

Aujourd'hui, je comprends l'importance de l'écoute. J'encourage le client à s'exprimer librement et de cette façon, je suis à l'écoute de ses besoins.

Ier *décembre*

PROCLAMER SON INDÉPENDANCE FINANCIÈRE

Aujourd'hui, je proclame mon indépendance financière. Pendant trop longtemps, j'ai vécu avec mes dettes et le manque d'argent. Pendant trop longtemps, je me suis interrogé à savoir comment j'allais pouvoir faire des économies tout en subvenant à mes besoins.

Aujourd'hui, je proclame mon indépendance financière et je mets sur pied un plan qui me permettra d'atteindre un plus haut niveau de prospérité. Je cesse de consommer inutilement. Je m'efforce de consolider mes dettes et de les rembourser rapidement. J'établis des buts financiers à court, à moyen et à long terme. J'ai fini de vivre dans la pénurie et je vise la prospérité.

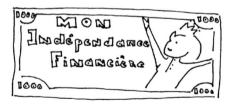

ENCOURAGER PLUTÔT QUE CRITIQUER

*O*n peut lire dans le visage des gens, l'effet de la critique. Quand on critique ou que l'on se dispute avec les gens, ils se recroquevillent sur eux-mêmes et deviennent silencieux et émotifs. On voit aussi que la critique est très peu efficace pour motiver les gens à améliorer leurs comportements. La critique est souvent la première réaction que l'on adopte face à quelque chose qui nous déplaît. Cette première réaction est rarement la bonne car elle n'est pas constructive ni réfléchie.

Aujourd'hui, j'utilise l'encouragement plutôt que la critique. Au lieu de réagir spontanément avec la critique, je me donne quelques minutes de délai. Je cherche à mieux comprendre et j'utilise des mots d'encouragement pour motiver la personne.

3 décembre

SE LAISSER AIMER

«En demandant ce dont vous avez besoin, vous révélez votre fragilité d'être humain et vous invitez la personne que vous aimez à partager la sienne. La réaction à une demande formulée accorde non seulement à la personne qui a besoin d'aide le plaisir de voir son besoin comblé, mais apporte aussi à celle qui donne le sentiment qu'elle est efficace et qu'elle sait donner du bonheur. En de tels moments, vous avez tous les deux l'occasion de partager votre amour et votre humanité.»

— Daphne Rose Kingma

La vulnérabilité ne nous a pas toujours semblé être une qualité souhaitable. On sait que lorsqu'on est vulnérable, on peut être blessé. En exposant nos limites et nos faiblesses, on peut devenir victime de l'autre. Alors, nous avons appris à ne pas nous montrer vulnérables. Mais il y a un autre côté à la vulnérabilité: c'est la capacité de demander de l'aide et de l'amour et la possibilité d'en recevoir. Dans ce sens, la vulnérabilité prend l'allure de l'ouverture et de la réceptivité.

Aujourd'hui, je prépare mon coeur à donner et à recevoir l'amour. Aujourd'hui, j'ouvre la porte à l'autre.

4 décembre

LE BONHEUR ET LE SUCCÈS N'EXISTENT PAS À L'EXTÉRIEUR DE MOI

*J*e me suis rendu compte que j'aurais pu passer ma vie à chercher le succès et le bonheur sans jamais avoir pu les palper. J'ai eu beau chercher aux quatre coins du monde, je ne les y ait pas trouvés. Le bonheur n'existe pas à l'extérieur de soi. Ce n'est pas en rencontrant l'amour de ma vie, en faisant fortune ou en conduisant une Porsche que je connaîtrai le bonheur authentique ni le succès personnel.

Le bonheur est un état d'esprit qui résulte d'une vie fondée sur des actions justes et des sentiments nobles. Lorsqu'on s'aime et qu'on aime ce qu'on apporte à la vie et aux autres, on développe une relation avec le bonheur et le succès.

LE POUVOIR DE LA VISUALISATION

*O*n entend souvent que les athlètes olympiques qui se préparent pour une compétition visualisent tout le parcours jusqu'à la ligne d'arrivée. Ils se voient mentalement parcourir le trajet et franchir la ligne en gagnant la course. Cette méthode de visualisation créative leur permet d'obtenir de meilleurs résultats lors de la course. Le pouvoir de la visualisation créative n'est pas vraiment compris mais semble avoir un effet bénéfique sur la confiance et l'habileté réelle de l'athlète.

Aujourd'hui, j'utilise la visualisation créative dans mon propre domaine. Je me vois faire les gestes et dire les choses qui me mèneront vers mon but. Je m'imagine avant une rencontre importante et j'imagine son déroulement idéal.

6 décembre

CÉLÉBRER CHAQUE PETIT ACCOMPLISSEMENT

*P*our certaines personnes, attacher ses souliers le matin est un accomplissement en soi. D'autres sont seulement heureux lorsqu'ils parviennent au sommet. Pour ma part, j'aime souligner les petits accomplissements quotidiens comme lorsque je fais de l'exercice et que je m'alimente bien; lorsque je vois que, suite à une conversation téléphonique, j'ai pu m'entendre avec quelqu'un; ou lorsque que j'ai atteint mes objectifs de ventes pour la semaine. Tous ces petits accomplissement me mènent vers de plus grands buts et me donnent de l'encouragement tout au long du trajet.

Aujourd'hui, je célèbre tous mes petits accomplissements journaliers. De cette façon, je m'encourage et je me fais plaisir.

VIVRE SELON SES MOYENS

*N*ous avons tous entendu l'expression "vivre selon ses moyens" qui veut tout simplement dire ne pas dépenser plus que ce que l'on gagne. Personnellement, je n'ai jamais été capable de vivre selon mes moyens, c'est-à-dire, je n'ai jamais vraiment aimé me priver de quoi que ce soit ni avoir à faire des budgets. La solution que j'ai trouvé à ce problème est de chercher à toujours augmenter mes revenus. Mon objectif est de gagner beaucoup plus que ce que je peux dépenser. C'est seulement en augmentant mes moyens que j'ai pu respecter ce principe.

8 décembre

Tous ces petits gestes

«La délicatesse, ce merveilleux élan du coeur de l'espèce humaine, se manifeste de la façon la plus significative dans les petits gestes.»
— Mary Botham Howitt

Le mot courtois est le plus ancien des adjectifs se rapportant à l'idée de politesse. Il nous vient du Moyen Âge, alors que naissait un nouveau style de vie opposé à l'idéal guerrier de l'époque. On désignait par ce mot, l'affinement des moeurs et de la sensibilité. On peut donc dire que la politesse et la courtoisie ont été inventées pour adoucir le monde et le rendre plus beau.

La courtoisie n'implique que des gestes très simples: saluer quelqu'un; laisser passer une autre personne dans une file d'attente; offrir son siège dans le bus. Pas besoin d'être riche ni adulte pour être courtois. Les attitudes polies ne connaissent pas les barrières de l'âge ou de l'argent.

Aujourd'hui, je vois qu'en étant courtois, je suscite l'affection et la collaboration des gens qui m'entourent. La courtoisie est un ingrédient important de la réussite car en étant courtois, je montre que je suis respectueux et aimable et que je mérite d'être appuyé dans ma démarche vers la réussite.

9 décembre

COMMENT DEVENIR PROSPÈRE

*T*ous les gens aimeraient connaître le secret de la prospérité. Un peu comme une recette de gâteau, on mélangerait les divers ingrédients et voilà! La prospérité. On sait qu'il y a de nombreux bouquins qui préconisent diverses approches et recettes visant à augmenter nos revenus mais au fond de nous même, il semble que la vraie prospérité est réservée à la très petite minorité. Je crois que ce sentiment est bien fondé car la prospérité requiert non seulement un profond désir, des habilités particulières et une ténacité de fer mais aussi une vision exceptionnelle. Les gens qui atteignent la prospérité financière de leurs propres efforts sont mus par une grande vision, une vision qu'ils ont eux-mêmes créé et qu'ils alimentent tout au long de leur vie.

Aujourd'hui, j'aiguise ma capacité de voir. Je crée la vision d'une plus grande prospérité. Je crée et j'alimente une vision de moi en train de bâtir quelque chose de grand, quelque chose de bon, quelque chose de respectable.

CES ÊTRES RARES

J'ai été très fortuné de rencontrer des êtres qui, par leur amour pour moi, ont transformé ma vie. Ces gens sont pour moi plus que des amis, ils sont des frères, des soeurs. On s'est reconnu, on s'est trouvé. Et malgré la distance qui peut nous séparer, nous demeurons toujours proches. Même si nous ne nous voyons pas pendant un certain temps, l'affection et le sentiment d'appartenance demeurent toujours aussi forts. Ils ne sont pas nombreux ces frères et soeurs retrouvés. Je vais les garder près de mon coeur tout au long de mon voyage car ils me rappellent qui je suis vraiment et combien la vie est généreuse et riche.

Aujourd'hui, je remercie le ciel pour ces êtres rares qui ont traversé un océan de temps pour venir me rejoindre ici. Je suis toujours un peu surpris car, de temps à autre, je rencontre un être avec qui je m'entends immédiatement, comme si nous nous étions toujours connus.

11 *décembre*

AVOIR CONFIANCE EN SOI

La réussite personnelle exige une bonne dose de courage et de confiance en soi. Je crois que la confiance peut se développer même lorsque l'on n'a pas eu l'appui de notre entourage en grandissant. À ce moment, on doit développer sa confiance en avançant progressivement dans un domaine et en prenant le temps d'observer et d'apprendre. Au fur et à mesure qu'on connaît du succès dans un domaine, on pourra renforcer notre confiance. Une approche graduelle nous permettra de renforcer nos habilités et d'éloigner nos craintes.

12 décembre

«Être heureux et satisfait n'implique pas de faire ou d'accomplir quelque chose; il faut être, non pas faire.»
— Sharon Wegscheider-Cruse

*J*e comprends maintenant la différence entre faire et être. Il n'est pas nécessaire de faire pour être. Il suffit d'être et ensuite les actions appropriées viendront. Je me suis rendu compte que je ne pouvais pas acheter l'amour ni la loyauté. Je ne pouvais me permettre de faire une série de choses en ayant pour seul but d'être apprécié ou d'être heureux. *Être* demande simplement d'être reconnu et vécu.

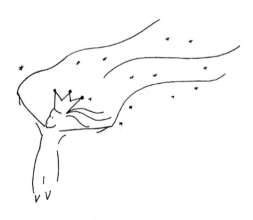

LE POUVOIR DE L'INDIVIDUALITÉ

L'individualité me confère un certain pouvoir. En étant un individu, je suis libre de penser mes propres pensées, de voir les choses dans ma perspective, de suivre mon propre chemin. J'approche chaque situation avec mes propres attitudes, mes propres valeurs et mes propres habiletés. J'ai en moi la force de la création et la conscience de mes actions. Je peux prendre position et choisir de mon propre gré. Je suis libre de décider pour moi-même et de poursuivre mes propres buts. Le monde ne connaît qu'un moi. Et je suis heureux et fier d'être moi.

LA DOUCEUR

«Je crois que l'homme fera plus que durer; il prévaudra. Il est immortel, non pas parce que de toutes les créatures il est le seul dont la voix est infatigable, mais parce qu'il a une âme, un esprit capable de bonté et de compassion.»

— William Faulkner

La douceur sera toujours plus perçante et plus pénétrante que la force brute. Comme l'eau démontre sa force dans le fait que bien qu'elle ne résiste pas, elle peut parvenir par son action, à transformer la pierre en sable. Les plus grandes victoires sont gagnées avec la douceur. La douceur permet d'apprivoiser et de faire fondre toute résistance.

Un jeune enfant souriant, le poil soyeux d'un chaton, une légère brise de printemps, la caresse d'un être aimé, autant d'images qui évoquent la douceur. La douceur est à l'âme ce que la grâce est au geste. Pas de place pour la brusquerie ou la vulgarité.

SE TAILLER UNE PLACE DANS LE MONDE

J'aperçois maintenant le monde autour de moi. Tout un monde de vie et de mouvement existe. Je regarde tout autour et je l'entrevois avec un certain détachement. Je prends une certaine distance pour être en meilleure position de voir, de capter et de comprendre la vie et les êtres de cette planète. Je serai donc en mesure de me tailler une place de choix dans ce monde fascinant.

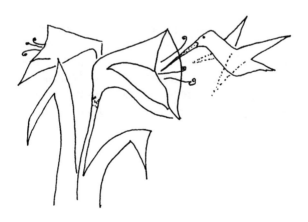

MES MOTIFS PROFONDS

Quels sont les motifs qui me poussent à vouloir réussir. Est-ce que je cherche la gloire, la prospérité, le pouvoir ou l'immortalité? Est-ce que je cherche à réussir afin d'éviter de ressentir le poids de l'échec? Est-ce je cherche à devenir un membre responsable de ma communauté? Je crois que les motifs qui me poussent à vouloir réussir ont une influence sur ma réussite. S'ils sont fondés entièrement sur mon propre intérêt, j'aurai de la difficulté à réaliser mes objectifs. Je crois que la réussite ne peut pas être à sens unique. Je ne peux pas espérer tout prendre et ne rien donner.

Aujourd'hui, je cherche à cerner les motifs profonds qui me motivent à vouloir réussir. Je sais que je peux me donner de nouveaux motifs plus nobles et plus généreux. De cette façon, je prends le chemin de la réussite avec l'âme remplie de bonnes intentions.

PRODUIRE PLUS QUE L'ON PEUT CONSOMMER

*A*fin de connaître une plus grande prospérité, je dois pouvoir produire des surplus. Comme le cultivateur qui produit des denrées pour sa consommation ainsi qu'un surplus pour vendre au marché. Si je me contente de produire juste assez pour combler mes besoins, je serai toujours contraint à travailler pour survivre. Mais si je produis des surplus ainsi que des réserves, je pourrai devenir progressivement plus autonome.

Aujourd'hui, je vois que si je veux devenir plus indépendant et plus prospère, je dois produire des surplus. Je dois produire plus que ce que je peux consommer. De cette façon, je travaille pour aujourd'hui et pour demain.

LA LIBRE ENTREPRISE

Notre système économique est fondé sur la notion de libre échange. Cela signifie que chacun est libre d'échanger son travail ou ses produits pour de l'argent et que d'autres sont libres d'acheter. Le fait que chaque individu est libre d'échanger et de profiter de ses échanges crée un système global d'échanges qui profite à l'ensemble de la collectivité. Évidemment, de nombreuses contraintes et conditions sont imposées et viennent affecter la liberté des échanges, mais le principe demeure valable.

Aujourd'hui, je suis heureux de faire partie d'un système de libre entreprise et de libre échange. Je sais que je peux progresser vers mes objectifs de réussite personnelle car je suis libre d'échanger et de profiter de mes échanges.

NOTRE CAPACITÉ D'ADAPTATION
(ÊTRE SOUPLE ET FLEXIBLE)

*A*ujourd'hui, je vois comment la souplesse et la flexibilité sont importantes dans la réussite. À chaque jour, je fais face à de nouveaux défis et de nouveaux problèmes qui testent mes habiletés et mon imagination. Je vois que pour atteindre mes objectifs, je dois pouvoir m'adapter à toutes sortes de situations et à toutes sortes de personnes. Si je suis rigide et inflexible, je ne pourrai pas tirer profit de chaque situation.

En demeurant ouvert et souple, je peux voir le côté positif des choses, je peux transformer une situation difficile en une victoire.

20 *décembre*

L'ÉNERGIE DU RENOUVEAU

*A*u fur et à mesure qu'approche la nouvelle année, je suis rempli par l'énergie du renouveau et du changement. Je vois venir cette nouvelle année avec optimisme et avec anticipation. Au cours de cette nouvelle année, je poursuivrai mon chemin vers la réalisation de mes objectifs les plus chers. Je travaillerai avec les membres de ma famille et les membres de mon équipe de travail pour créer un contexte harmonieux et joyeux.

Aujourd'hui, je sens que tout est possible et que toutes les portes s'ouvrent à moi. Aujourd'hui, je suis confiant, je sais que je réussirai.

LE TRAVAIL DE PRÉPARATION

*L*es statistiques démontrent que la grande majorité des petites entreprises sont vouées à l'échec au cours de leurs premières années de vie. Plusieurs économistes et gens d'affaires ont tenté de cerner convenablement les facteurs qui contribuent à l'échec ou au succès de la petite entreprise, mais la connaissance de ces facteurs ne semble pas améliorer la situation. Néanmoins, je ne crois pas que ce sont des facteurs génétiques qui prédisposent certaines personnes à réussir et d'autres non. Le travail de préparation et la connaissance des facteurs qui contribuent aux succès de la petite entreprise s'avèrent tout à fait nécessaire.

La réussite exige toujours un travail de préparation, une période pendant laquelle on étudie et on regarde à distance. Durant cette période d'incubation, on identifie et on accumule les ressources nécessaires, on obtient la formation nécessaire, on se prépare mentalement et émotionnellement pour affronter les défis de la nouvelle situation, on développe nos propres approches et stratégies pour réussir. Aujourd'hui, j'accepte que le travail de préparation est essentiel à la réussite.

JE PARS DE LOIN

*A*ujourd'hui, je me rends compte que je suis parti de loin. Au cours de la dernière année, j'ai parcouru un bon bout de chemin et je suis fier de mes accomplissements. Je sais que j'ai encore beaucoup de projets à réaliser mais je peux tout de même prendre plaisir à constater mes progrès. Oui, le chemin vers la réussite est bien amorcé et je peux compter sur moi pour poursuivre et aller encore plus loin. Au cours de l'année, je me suis fait de nouveaux alliés et je me suis perfectionné.

Aujourd'hui, je vois que je suis parti de loin.

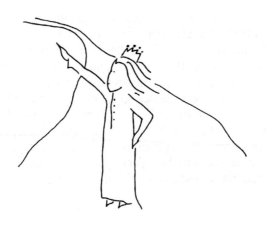

23 décembre

MONTRER SES VRAIES COULEURS

*A*ujourd'hui, je laisse paraître mes vraies couleurs. Je sais que je suis une bonne personne, aimante et généreuse, et je le montre aux gens autour de moi. Je laisse les autres m'aimer et m'apprécier. La bonté, l'amour et la générosité sont mes instruments et je les utilise pour bâtir des ponts et pour réussir.

Aujourd'hui, je sais que je suis un être fondamentalement bon et que je cherche à faire les bonnes choses dans tous les contextes. Je n'ai qu'à m'écouter pour entendre la raison.

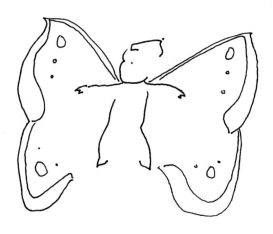

24 décembre

Hommage à la petite entreprise

*L*a réduction du niveau de responsabilité de l'état et des plus grandes entreprises par rapport au bien-être et à la survie de l'individu et des familles donne naissance à une nouvelle réalité; la nécessité que chaque individu prenne en charge plus intensément sa propre survie et son propre développement. De là naît la valeur croissante de la petite entreprise. Car la petite entreprise est l'expression la plus pure et la plus simple de l'individu ou de la famille qui se prend en charge et qui décide de s'affirmer économiquement. Lorsque l'on crée une petite entreprise, on proclame notre indépendance et notre désir de prendre en charge notre propre vie et notre propre situation financière.

Aujourd'hui, je rends hommage à tous ceux et celles qui cherchent à fonder un petite entreprise. Je vois dans leurs efforts la volonté de s'affirmer et de réussir. Je comprends que la création ainsi la gestion d'une petite entreprise requièrent non seulement une forte dose de courage mais la capacité de travailler intelligemment et d'assumer la pleine responsabilité pour sa propre situation.

25 décembre

CÉLÉBRER NOËL

«Le mot latin «agape» désigne la compréhension et la bonne volonté rédemptrice à l'égard de tous les hommes. Il s'agit d'un amour débordant qui n'attend rien en retour. Les théologiens diraient que c'est l'amour de Dieu qui régit le coeur humain. Lorsqu'on aime de la sorte, on aime tous les hommes non pas pour eux-mêmes, mais parce que Dieu les aime.»

— Martin Luther King, fils

Aujourd'hui, j'ai de la bonne volonté envers tous les gens. Aujourd'hui, j'ouvre mon coeur et je vis dans l'amour et le pardon. Je souhaite à tous les membres de ma famille et à tous les gens un Noël rempli d'amour et de joie. Je sais aussi que pour bien des gens Noël est un moment plus difficile; mon coeur s'ouvre à eux et je leur envoie des ondes d'amour et de bienveillance. Aujourd'hui, je me rapproche de ceux que j'aime et je partage ces moments précieux avec eux.

PRENDRE LE TEMPS DE RESPIRER

*A*ujourd'hui, je prends le temps de respirer un peu. Aujourd'hui, je pense à moi et je prends le temps de me détendre et me divertir. J'ai eu une année remplie et je mérite de prendre un jour de congé. Durant cette journée, je me laisserai aller à ne rien faire et à être là tout simplement. Je peux dormir, manger ou aller jouer avec les enfants, peu importe, cette journée est à moi.

PRENDRE QUELQUES INSTANTS POUR FAIRE
UNE RÉTROSPECTIVE

*A*ujourd'hui, je prends le temps de faire une rétrospective de l'année. Je passe en revue les événements marquants et j'évalue mes progrès. Je prends le temps d'analyser mes bons coups et mes moins bons coups et je constate le chemin que j'ai parcouru durant l'année. Je tente d'être totalement détaché et objectif par rapport à cette rétrospective et de tirer des leçons de mes expériences. Je cherche à voir quelles sont les actions qui m'ont procuré la plus grande satisfaction et qui ont constitué pour moi les plus grandes réussites.

VOIR LES RÉSULTATS QUE JE PEUX ACCOMPLIR

*A*ujourd'hui, je cherche à clarifier ce que je désire accomplir au cours de la prochaine année. J'utilise mon imagination pour créer des images mentales de ce que j'aimerais réaliser. Je me pose les questions suivantes: Qu'est-ce que je voudrais réaliser au cours de la prochaine année? Quels sont les rêves que je désire matérialiser au cours de la prochaine année? Qu'est-ce que je peux faire pour rendre ma vie meilleure, plus agréable, plus intéressante? Qu'est-ce que je peux faire pour réussir davantage dans mon travail, dans ma famille, dans ma relation de couple, dans ma communauté?

Aujourd'hui, je regarde vers l'avenir et j'imagine la vie que je peux créer. J'imagine toutes les choses que je peux accomplir.

QUELS SONT MES OBJECTIFS POUR LA NOUVELLE ANNÉE?

*A*ujourd'hui, je fais la liste de tous mes objectifs pour la nouvelle année. Je regarde chaque domaine de ma vie et je détermine quelles sont les améliorations que je désire faire dans chacun de ces domaines. Sur ma liste, j'inscris les domaines et les objectifs ainsi que les dates fixées pour atteindre ces objectifs. Je peux faire une liste des objectifs à court terme (une année ou moins) et à long terme (plus d'une année). Le fait de préparer une liste avec tous mes objectifs me permet de les articuler clairement. Je peux garder cette liste près de moi pour la réviser de temps à autre et pour analyser mes progrès.

MON PLAN D'ATTAQUE

*A*ujourd'hui, je développe mon plan d'attaque. Quelles sont les étapes que je vais devoir franchir afin de réaliser mes objectifs? Concrètement, qu'est-ce que je devrais faire pour réaliser mes objectifs personnels et familiaux?

Aujourd'hui, je prends mon calepin et ma plume et j'écris toutes les choses que je vais faire pour assurer mon succès. Mon plan d'attaque contiendra mes objectifs par domaine ainsi que toutes les actions que j'ai l'intention de faire pour atteindre ces objectifs.

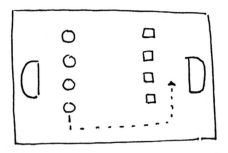

31 décembre

PRÉPARER LA NOUVELLE ANNÉE

*A*ujourd'hui, je prépare la nouvelle année qui approche si rapidement. J'ouvre mon coeur et j'exerce mon imagination. J'anticipe toutes les choses que je veux faire et toutes mes victoires. Je me prépare pour la venue de la nouvelle année avec optimisme et réalisme. Cette année, je me prépare à bien travailler pour réaliser mes objectifs. Je sais que j'aurai à affronter certains défis mais je sais aussi que je peux compter sur moi.

Aujourd'hui, je suis en contact avec un fervent désir de réussir. J'entrevois toutes les possibilités qui s'offrent à moi avec le début de cette nouvelle année. J'ai déjà établi mes objectifs et élaboré mon plan d'attaque et maintenant, je me prépare mentalement, émotionnellement et spirituellement pour réussir.